이러한 노력의 일환으로 국세청은 매년 개정세법을 반영하여 어려운 세법을 납세자의 눈높이에 맞춰 해설하는 '세금절약가이드'를 발간하고 있습니다.

아무쪼록 이 책자가 납세자 여러분의 성실신고·납부에 도움이 되고, 세금에 대한 궁금증을 해소하는데 유용한 길잡이로 활용되기를 바랍니다.

2024년 5월

국세청장 김 창 기

Contents

2024

양도소득세·상속세·증여세를 위한

세금절약 가이드 II

국세청이 알려주는
따뜻한 세상을 위한 세금 길라잡이

국세청
National Tax Service

머리말

　최근 국내외의 어려운 경제 여건 속에서도 성실하게 세금을 신고·납부해 주시는 국민 여러분께 진심으로 감사의 말씀을 드립니다.

　세금은 나라의 주인인 국민이 국가의 운영에 필요한 비용을 공동으로 부담하는 것이며, 납세는 국민의 권리이자 의무로서 풍요로운 사회를 누리는 대가입니다.

　여러분의 소중한 세금은 보다 공정하고 투명한 사회를 만들고, 우리나라가 민생경제를 회복하고 민간중심 활력을 제고하는데 중요한 역할을 할 것입니다.

　국세청은 "믿음으로써 근본을 삼는다."는 이신위본(以信爲本)의 뜻을 새겨 「국민의 국세청, 신뢰받는 국세행정」을 구현하기 위해 노력하고 있습니다.

1세대 1주택 비과세 관련

Contents

Contents

제4장
증여세
알뜰정보

Contents

2024년부터 달라지는 세목별 주요 개정 내용

 소득세법(양도소득세 분야)

○ 세법상 주택 개념 정비

종전	개정
□ 양도소득세에서의 '주택' 개념 ○ 허가 여부나 공부상 용도구분과 관계 없이 사실상 주거용으로 사용하는 건물 〈추 가〉	□ '주택'개념 구체화(시설구조상 특성 반영) ○ 허가 여부나 공부상 용도구분과 관계없이 사실상 주거용으로 사용하는 건물 – '세대원이 독립된 주거생활을 할 수 있는 구조*로 된 건물' * 출입문, 화장실, 취사시설이 각 세대별 별도 설치

○ 1세대 판정기준 합리화

종전	개정

□ 배우자가 없어도 1세대로 보는 경우
  (❶ 또는 ❷ 또는 ❸)
❶ 30세 이상인 경우
❷ 배우자가 사망 또는 이혼한 경우
❸ 30세 미만인 미혼자의 경우(⇒ 가 + 나)
  가. 소유 주택·토지를 관리·유지하면서 독립된 생계 유지
  나. 소득이 기준 중위소득의 40% 이상
	□ 30세 미만 미혼자의 1세대 판정기준 합리화
	
	❶ 좌동
	❷ 좌동
	❸ 소득 판정기준 구체화
	  가. (좌동)
	
	  나. 12개월간 경상적·반복적 소득*이 기준 중위소득을 12개월로 환산한 금액의 40% 이상
	    * 사업소득, 근로소득, 기타소득(저작권 수입, 강연료 등 인적용역의 대가만 포함) 등

2024년부터 달라지는 세목별 주요 개정 내용

 소득세법(양도소득세 분야)

○ 1세대 1주택 비과세 보유기간 계산방법 명확화

종전	개정
□ 주택이 아닌 건물을 주거용으로 사용(또는 주택으로 용도변경) 시 1세대 1주택 비과세 보유기간 ○ 자산 취득일 ~ 양도일	□ 계산방법 명확화 ○ 사실상 주거용 사용일(또는 용도변경일) ~ 양도일

○ 공동상속주택 1세대 1주택 비과세 및 장기보유특별공제 거주기간 판정 합리화

종전	개정
□ 공동상속주택 거주기간 판정 방법 ⇒ 공동상속주택의 경우: 　거주기간은 해당 주택을 소유한 것으로 보는 사람*이 거주한 기간으로 판단 　* 다음 순서에 따라 판정 　　① 상속지분이 가장 큰 상속인 　　② 당해 주택에 거주하는 자 　　③ 최연장자	□ 판정 기준 합리화 ⇒ 공동상속주택의 경우: 　거주기간은 해당 주택에 거주한 공동상속인의 거주기간 중 가장 긴 기간으로 판단

○ 다주택자 양도소득세 중과배제 주책 추가 및 한시 배제 1년 연장

종전	개정
□ 다주택자가 조정대상지역 내 주택 양도 시 양도소득세 중과제외 대상 ○ 지방저가주택(주택 수에서도 제외) 〈추 가〉 ○ 보유기간 2년 이상으로서 2022. 5. 10.부터 2024. 5. 9.까지 양도하는 주택	□ 중과배제 주택 추가 및 한시 배제 1년 연장 ○ (좌동) ○ 2024. 1. 10.~ 2025. 12. 31. 중 취득한 주택으로 다음 어느 하나에 해당하는 주택 (주택 수에서도 제외) ❶ 소형 신축주택 　1) 면적 : 전용면적 60㎡ 이하 　2) 취득가액 : 수도권 6억 원, 비수도권 3억 원 이하 　3) 준공시점: 2024. 1. 10. ~ 2025. 12. 31. 　4) 주택유형: 아파트 제외 ❷ 준공 후 미분양 주택 　1) 면적: 전용면적 85㎡ 이하 　2) 취득가액: 6억 원 이하 　3) 주택 소재지: 비수도권 ○ 보유기간 2년 이상으로서 2022. 5. 10. 부터 2025. 5. 9.까지 양도하는 주택

상속세 및 증여세법

○혼인·출산 증여재산 공제 도입

종전	개정
〈신 설〉	□ 혼인 증여재산 공제 ○ 아래 요건 모두 충족 시 증여세 과세가액에서 공제 ❶ (증여자) 직계존속 ❷ (공제한도) 1억 원 ❸ (증여일) 혼인신고일 이전 2년 + 혼인신고일 이후 2년 이내(총 4년) ❹ (증여재산) 증여추정·의제 등에 해당하는 경우 제외 □ 출산 증여재산 공제 ○ 아래 요건 모두 충족 시 증여세 과세가액에서 공제 ❶ (증여자) 직계존속 ❷ (공제한도) 1억 원 ❸ (증여일) 자녀의 출생일*부터 2년 이내 * 입양의 경우 입양신고일 ❹ (증여재산) 증여추정·의제 등에 해당하는 경우 제외 □ 통합 공제한도 ○ 혼인 증여재산 공제 + 출산 증여재산 공제: 1억 원

세금절약 가이드

제1장

세금에 관한 일반상식

우리가 내는 세금에는 어떤 것이 있나?

우리가 내는 세금에는 어떤 것이 있나? 우리는 일상생활을 하면서 알게 모르게 많은 세금을 내고 있다. 사업을 해서 돈을 벌었으면 소득세를 내야 하고, 번 돈을 가지고 부동산이나 자동차를 사면 취득세를 내야 하며, 집이나 자동차 등을 가지고 있으면 재산세·종합부동산세·자동차세 등을 내야 한다.

뿐만 아니라 부동산을 팔면 양도소득세를 내야 하고, 자식에게 증여를 하면 증여세를, 부모가 사망하여 재산을 물려받으면 상속세를 내야 한다.

위와 같은 세금은 그래도 알고 내는 세금이지만 우리가 알지도 못하는 사이에 내는 세금도 한 두 가지가 아니다.

물건을 사거나 음식을 먹으면 그 값에 부가가치세가 포함되어 있고, 고급가구 등을 사면 개별소비세가, 술값에는 주세가, 담배값에는 담배소비세가 포함되어 있다.

어디 그뿐인가? 계약서를 작성하면 인지세, 면허를 가지고 있으면 등록면허세를 내야하는 등 차라리 골치 안 아프게 잊어버리고 지내는 것이 속 편할지 모른다.

그러나 우리의 일상생활 속에서 세금문제는 피할 수가 없다. 소득과 재산이 있거나 거래가 이루어지는 곳에는 항상 세금이 따라 다니기 때문이다.

그러므로 우리는 세금에 대하여 무관심하거나 피하려고 하지 말고, 내가 내야 하는 세금에는 어떤 것이 있으며, 나는 그 세금을 적정하게 내고 있는지 관심을 갖는 것이 필요하다. 그래야 우리가 세금과 관련된 어떤 의사 결정을 하더라도 나중에 후회하는 일이 없을 것이다.

현재 우리나라에서 시행되고 있는 세금의 종류는 다음과 같다.

● 국세

국세는 중앙정부에서 부과·징수하는 세금으로 내국세와 관세로 구분된다.

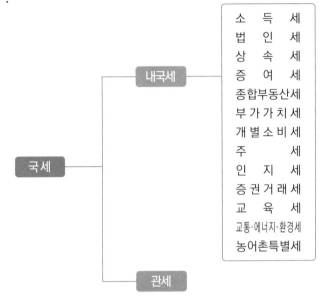

소　득　세
법　인　세
상　속　세
증　여　세
종합부동산세
부 가 가 치 세
개 별 소 비 세
주　　　세
인　지　세
증 권 거 래 세
교　육　세
교통·에너지·환경세
농어촌특별세

국세 ─┬─ 내국세
　　　└─ 관세

'내국세'란 우리나라의 영토 안에서 사람이나 물품에 대하여 부과하는 세금으로 국세청에서 담당하고 있으며, '관세'란 외국으로부터 물품을 수입할 때 부과하는 세금으로 관세청에서 담당하고 있다.

🔍 Guide 세금과 요금

세금은 국가나 지방자치단체가 공공경비를 조달할 목적으로 개별적인 보상없이 국민으로부터 법률에 따라 징수하는 것이지만, 요금은 개인적인 필요에 따라 특정한 재화나 용역을 사용하고 그 대가로 내는 것을 말한다. 흔히들 전기나 수돗물 등을 사용하고 내는 대가를 전기세, 수도세라고 하고 있는데 이는 세금이 아니며 전기요금, 수도요금이라고 해야 정확한 표현이다.

● 지방세

지방세는 지역의 공공서비스를 제공하는데 필요한 재원으로 쓰기 위하여 지방자치단체별로 각각 과세하는 세금이다.

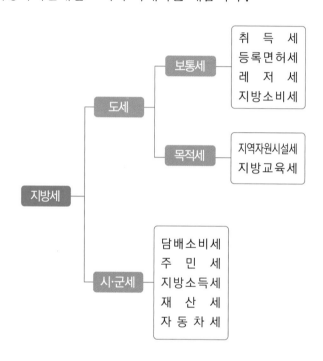

특별(광역)시세 ┌ 보통세: 취득세, 레저세, 담배소비세, 지방소비세, 주민세, 지방소득세, 자동차세
　　　　　　　 └ 목적세: 지역자원시설세, 지방교육세
자치구세: 등록면허세, 재산세

2 절세와 탈세는 어떻게 다른가?

세금은 국가나 지방자치단체가 그 재정수요를 충당하기 위하여 개별적인 보상 없이 국민으로부터 법률에 따라 징수하는 것이다. 따라서 세금을 내는 국민의 입장에서 보면 가능한 한 세금을 적게 내거나 좀 더 줄여서 내고 싶은 것이 모든 사람들의 솔직한 심정일 것이다. 그렇다고 무조건 적게 낼 수는 없는 노릇이다. 왜냐하면 국민으로서 마땅히 지켜야 할 법을 위반하게 될 수도 있기 때문이다.

절세와 탈세는 모두 납세자가 자기의 세금부담을 줄이고자 하는 목적에서 행해진다는 점에서는 같다고 할 수 있다. 그러나 그 방법이 세법이 허용하는 범위 내에 있을 때는 '절세'라고 할 수 있으나, 사기, 기타 부정한 방법으로 세금부담을 줄이는 것은 '탈세'로서 조세범 처벌법에 의하여 처벌을 받게 된다.

● 절세(Tax Saving)

'절세'란 세법이 인정하는 범위 내에서 합법적·합리적으로 세금을 줄이는 행위를 말한다.

절세에 특별한 비결이 있는 것은 아니며, 세법을 충분히 이해하고 법 테두리 안에서 세금을 줄일 수 있는 가장 유리한 방법을 찾는 것이 절세의 지름길이다.

사업과 관련된 세금을 절세하려면
- 평소 증빙자료를 철저히 수집하고 장부정리를 꼼꼼하게 하여 세법에서 정한 비용이 누락되지 않도록 하고,
- 세법에서 인정하고 있는 각종 소득공제·세액공제·준비금·충당금 등의 조세지원 제도를 충분히 활용하며,
- 세법이 정하고 있는 각종 의무사항을 성실히 이행함으로써 매입세액 불공제나 가산세 등의 불이익 처분을 받지 않도록 하여야 한다.

● 탈세(Tax Evasion)

'탈세'란 고의로 사실을 왜곡하는 등의 불법적인 방법을 통해서 세금부담을 줄이려는 행위를 말한다.

탈세의 유형은 여러 가지가 있으나 그 중 대표적인 것을 살펴보면
- 수입금액 누락
- 실물거래가 없는데도 비용을 지출한 것으로 처리하는 가공경비 계상
- 실제보다 비용을 부풀려 처리하는 비용의 과대계상
- 허위계약서 작성
- 명의위장
- 공문서 위조 등이 있다.

탈세행위는 국가재정을 축내는 행위이며, 뿐만 아니라 탈세로 축낸 세금은 결국 다른 사람이 부담해야 하기 때문에 성실한 납세자에게 피해를 주는 행위이다.

따라서 국세청에서는 세금신고, 납부, 세법상담 등 성실신고 지원을 강화하여 최적의 성실납세 환경을 조성하는 한편, 탈세행위 근절을 위하여 전산분석시스템 도입, 신용카드 · 현금영수증 발급의무 확대, 전자(세금)계산서 발행 의무화, FIU 정보통합분석시스템 구축 등 과세 인프라를 지속적으로 강화하고 있다.

🔍 **Guide**   절세, 탈세

- ▶ 절　세 : 합법적으로 세금을 줄이는 행위
- ▶ 탈　세 : 불법적으로 세금을 줄이는 행위

3 탈세를 하면 어떤 처벌을 받게 되나?

 국 세 청

우리는 신문이나 방송을 통해 세무조사를 받은 업체의 대표자 등이 조세포탈범으로 처벌을 받는 경우를 종종 보게 된다.

세무조사를 통해 세금을 누락한 사실이 밝혀지면 세금을 추징하는데, 어떤 경우에는 사업자를 구속하기도 하고 어떤 경우에는 세금만 추징하기도 한다.

그렇다면 경우에 따라 받는 처벌은 어떻게 다를까?

● 세법규정

「조세범 처벌법」 제3조에서 '사기나 그 밖의 부정한 행위로써 조세를 포탈하거나 조세의 환급·공제를 받은 자는 2년 이하의 징역 또는 포탈세액, 환급·공제받은 세액의 2배 이하에 상당하는 벌금에 처한다.'라고 규정하고 있다.

다만, 포탈세액 등이 3억 원 이상이고, 그 포탈세액 등이 신고·납부하여야 할 세액의 100분의 30 이상인 경우와 포탈세액 등이 5억 원 이상인 경우에는 3년 이하의 징역 또는 포탈세액 등의 3배 이하에 상당하는 벌금에 처한다.

● 실무상 적용

조세범 처벌법에는 위와 같이 조세범칙 행위에 대한 처벌규정을 두고 있으며, 사기나 그 밖의 부정한 방법으로 일정 금액 이상의 조세를 포탈한 혐의가 있거나 조세범칙행위 혐의자를 처벌하기 위하여 증거수집이 필요한 경우에는 조세범칙조사심의위원회의 심의를 거쳐 조세범칙조사 실시여부를 결정하게 된다.

조세범칙조사 결과 이중장부, 거짓증빙·거짓문서의 작성, 장부와 기록의 파기, 재산의 은닉, 소득·수익·행위·거래의 조작 또는 은폐, 거짓 세금계산서 수수 등과 같이 조세의 부과와 징수를 불가능하게 하거나 현저히 곤란하게 하는 적극적 행위로 조세를 포탈한 경우에는 조세범칙조사심의위원회의 심의 결정에 따라 통고처분이나 고발의 범칙처분을 받게 된다.

▶ 관련 법규: 「조세범 처벌법」 제3조

4 궁금한 세금! 어디에 물어봐야 하나?

사업을 하거나 일상생활을 하다보면 종종 세금문제에 부딪히게 된다. 이럴 때는 주위 사람들에게 물어보거나 책이나 인터넷 등을 이용해 알아보기도 하는데, 세법이 워낙 복잡한데다 자주 접하는 문제도 아니라서 이해가 잘 안 될 뿐 아니라 이해는 되더라도 정확하게 알고 있는 것인지 궁금할 때가 있다.

이러한 경우에는 다음과 같은 상담기관을 이용하면 된다.

● 126 국세상담센터

국민 누구나 「국세청」하면 쉽게 떠올려 연락할 수 있는 3자리 단일 상담전화 126번을 설치하여 운영하고 있다. 다만, 납세자의 개별 과세 정보 조회가 필요한 사항은 관할세무서로 문의하여야 한다.

◆ 전화상담

전국 어디서나 국번없이 126번으로 전화하면 현금영수증, 전자세금계산서, 신고·납부, 학자금 상환, 연말정산간소화, 사업자등록 신청 및 변경, 증명발급, 세법상담, 세금고충상담, 탈세 제보 등 원하는 상담서비스를 선택하여 제공받을 수 있다.

국세 상담이 필요할 땐 국번없이 126 번									
1(홈택스 상담)							2	3	4
1	2	3	4	5	6	7			
현금영수증	전자세금계산서	신고·납부	학자금 상환	연말정산간소화	사업자등록 신청/변경	증명발급 및 일반세무서류	세법상담	세금고충상담 (각 세무서 납세자보호담당관)	탈세 등 각종 제보

일반상담은 평일 오전 9시부터 오후 6시까지 운영된다. 단, 탈세 등 각종 제보 녹음은 24시간 이용 가능하다.

126번 이용시에는 일반 통화요금이 적용되며, 1월과 5월은 상담전화가
집중되므로 신고 기간 전에 미리 전화하면 좀 더 편리하게 상담 받을 수 있다.
※ 해외에서도 편리하게 이용할 수 있다.

◆ 인터넷상담

'홈택스'에서 국세에 관한 궁금한 사항을 질의하면 신속하고 정확하게
답변을 받을 수 있다.

- '홈택스(www.hometax.go.kr)' 접속 → 상담·불복·고충·제보·기타
  → 인터넷 상담하기
- 모바일 홈택스(손택스) 앱 접속 → 상담·불복·고충·제보·기타 →
  모바일 상담하기

  ※ [국세행정에 대한 건의, 불만, 칭찬]은 누리집(국세청 > 국민소통 > 국세청
  100배 활용하기 가이드맵 > 고객의 소리(VOC)) 또는 국세상담
  센터 전화(국번없이 ①②⑥ → 2번 → 9번)를 통해서 접수할 수 있다.

  단, 세법 개정에 관한 불만·건의는 기획재정부로 문의하면 된다.

● 국세청 세목소관 담당과

세법해석과 관련된 일반적인 질의는 질문할 내용을 서면으로 작성하여
우편이나 팩스(FAX)로 해당 세목과에 보내면 질의에 대한 답변을
서면으로 받아볼 수 있다.

  ※ '서면질의 신청서식'으로 신청
  - 신청서식, 세목별 담당부서와 연락처(팩스번호) 등은
    국세청 누리집(국세정책/제도 〉 세법해석 질의안내)를 참고
  - 우편접수 (우 30128) 세종특별자치시 국세청로 8-14
                    국세청 부가가치세과(부가), 소득세과(소득),
                    법인세과(법인), 부동산납세과(양도),
                    상속증여세과(상속·증여), 원천세과(원천)
  - 홈택스접수: 국세청 홈택스(www.hometax.go.kr) → 상담·불복·
    고충·제보·기타 → 세법해석 신청 → 서면질의 신청 → 인적사항작성 →
    신청서식 내려받기 → 서식작성 후 파일첨부(PDF 변환 등)하여 신청

● 국세청 법규과

세법해석 사전답변 신청 및 이용에 관한 사항은 국세청 누리집 및 유선
☎ (044)204-3103 ~ 5로 문의하면 상담받을 수 있다.

※ 반드시 특정서식 ('세법해석 사전답변 신청서')으로 신청
 - 신청서식 및 신청기한 등은 국세청 누리집 (국세정책/제도 > 세법해석
  질의안내)를 참고
 - 우편이나 직접방문 또는 홈택스로 신청 가능 (FAX나 E-mail 신청은 불가)

◆ 세법해석 사전답변

납세자가 자신의 사업 또는 자신과 직접적으로 관련된 '특정한 거래'의
과세여부 등 세무관련 의문사항에 대하여 『실명』으로 구체적 사실관계를
기재하여 사전 (법정신고기한 전)에 질의하면 당사자에게 명확하게 답변을
제공하여 준다.

● 세무서 납세자보호담당관실

세무서를 직접 방문하여 궁금한 사항을 물어 보고 싶거나, 고지된
세금의 내용이 잘못되었다고 생각되는 경우에는 전국의 모든 세무서에
설치되어 있는「납세자보호담당관」을 찾아가 상담하면 된다.

● 지방세는 해당 시청 · 군청 · 구청

지방세에 관하여 궁금한 사항이 있는 경우에는 해당 시청 · 군청 · 구청
세무과에 문의하거나, 해당기관의 누리집을 방문하여 인터넷으로 상담을
받을 수 있다.

5 억울한 세금! 어떻게 구제받을 수 있나?

모든 일을 원칙대로 처리하는 나원칙 씨는 지금까지 성실하게 세금을 납부하여 왔다고 자부하고 있었다.

그런데 얼마 전 세무서 직원들이 작년에 신고한 부가가치세에 누락된 자료가 있다고 확인을 하고 돌아간 후, 500만 원을 추가로 고지할 예정이라는 「과세예고통지서」를 보내왔다. 나원칙 씨는 이를 받아들일 수 없기 때문에 억울함을 호소하려고 한다.

나원칙 씨는 어떻게 구제받을 수 있나?

사업을 하다 보면 세금과 관련하여 부당한 처분을 받거나 필요한 처분을 받지 못하여 억울하다고 생각되는 경우가 있을 수 있다.

이런 경우에는 다음과 같은 제도를 이용하여 불복청구를 함으로써 권리침해를 방지하거나 침해된 권리를 구제받을 수 있다.

● 법에 의한 권리구제 제도

1) 고지 전에는 과세전적부심사제도를 이용할 수 있다.

'과세전적부심사제도'는 세무조사를 실시하고 그 조사결과를 납세자에게 통지하거나, 업무감사 및 과세자료에 의하여 과세하는 경우 또는 예상고지세액이 100만 원 이상인 경우에는 과세할 내용을 미리 납세자에게 알려 준 다음 납세자가 그 내용에 대하여 이의가 있을 때 과세예고 통지내용의 적법성 여부에 대한 심사를 청구하는 제도이다.

'과세전적부심사'를 청구하려면 세무조사결과통지서 또는 과세예고 통지서를 받은 날부터 30일 이내에 통지서를 보낸 해당 세무서장·지방국세청장에게 청구서를 제출하여야 한다.

다만, 쟁점사항이 국세청장의 유권해석을 변경하여야 하거나 새로운 해석이 필요한 경우, 국세청장의 감사지적에 의한 경우, 청구세액이 5억 원 이상인 경우 및 감사원의 시정요구에 따른 과세처분으로서 시정요구 전에 과세처분 대상자가 소명안내를 받지 못한 경우 국세청장에게 제출할 수 있다.

그러면 세무서장 등은 이를 심사하여 30일 이내에 심사청구 결정절차 (P.32참조)와 같이 국세심사위원회의 심의를 거쳐 결정을 한 후 납세자에게 그 결과를 통지한다.

한편, 과세전적부심사청구를 원하지 않는 납세자는 다음과 같은 「조기결정신청제도」를 이용할 수 있다.

🔍 Guide · 조기결정신청제도(早期決定申請制度)

세무조사결과통지나 과세예고통지 시 과세전적부심사 청구없이 조기 결정(부과)을 신청할 수 있는 제도로, 납세자가 「조기결정 신청서」를 제출하면 과세전적부심사 청구기간 내에도 즉시 고지를 받게 되어 가산세 부담이 경감되는 효과가 있음
※ 통지 내용 중 일부만의 조기신청도 가능

---

2) 고지 후에는 다음과 같은 제도를 이용할 수 있다.

세금이 고지된 후에는 다음과 같은 권리구제 제도를 이용할 수 있다.

- 세무서 또는 지방국세청에 제기하는 '이의신청'
- 국세청에 제기하는 '심사청구'
- 국무총리실 조세심판원에 제기하는 '심판청구'
- 감사원에 제기하는 '감사원 심사청구'
- 행정소송법에 의하여 법원에 제기하는 '행정소송'

위와 같은 권리구제 절차를 밟고자 하는 경우에는 1단계로 이의신청·심사청구·심판청구·감사원 심사청구 중 하나를 선택하여 청구할 수 있으며, 1단계 절차에서 구제를 받지 못한 경우에는 2단계로 법원에 행정소송을 제기할 수 있다.

※ 다만, 이의신청을 한 경우에는 심사 또는 심판청구를 거쳐야 행정소송을 제기할 수 있다.

또한 세금이 고지된 이후의 구제절차를 밟으려면 반드시 고지서 등을 받은 날 또는 세금부과 사실을 안 날부터 90일 이내에 관련 서류를 제출해야 하며, 1단계 절차에서 권리구제를 받지 못하여 행정소송을 제기하고자 하는 경우에는 결정통지서를 받은 날부터 90일 이내에 법원에 서류를 제출하여야 한다. 만약 이 기간을 지나서 서류를 제출하면 아무리 청구이유가 타당하더라도 '각하'결정을 하므로 청구기간은 반드시 지켜야 한다. (다만, 결정의 통지를 받기 전이라도 그 결정기간이 지난날부터는 행정소송을 제기할 수 있다)

3) 사전·사후 권리구제 시 「심리자료 사전열람」 제도를 도입하여 납세자 권익 보호를 확대하였다.

과세관청 또는 납세자 중 어느 한 쪽에 유리하게 사건을 심리한다는 의구심을 불식시키고 심리절차를 보다 공정·투명하게 운영하기 위해 「심리자료 사전열람」 절차를 운영하고 있다.

Q Guide 각하(却下), 심리자료 사전열람

▶ 각하(却下)
적법한 청구 또는 소송요건을 갖추지 못한 경우 사건을 심리하지 않고 배척하는 것을
말함

▶ 심리자료 사전열람
불복청구 사건 담당직원이 불복사건조사서 등 심리자료를 국세심사위원회에
상정하기 전에 과세처분 관서와 납세자가 열람할 수 있도록 하고, 보충의견이나 추가
증빙을 제시하면 이를 반영하여 위원회에 상정토록 하는 심리절차

● 행정에 의한 권리구제 제도

◆ 납세자보호담당관제도

'납세자보호담당관제도'는 세금과 관련된 고충을 납세자의 편에
서서 적극적으로 처리해 줌으로써 납세자의 권익을 실질적으로
보호하기 위해 도입한 제도로, 이를 위해 전국의 모든 세무관서에는
납세자보호담당관이 있다.
납세자는 국세청에서 담당하는 세금과 관련된 애로 및 불편사항에 대하여
고충 또는 권리보호를 요청할 수 있는데, 예를 들면 다음과 같다.

• 세금구제 절차를 알지 못하여 불복청구 기간이 지났거나, 과세 당시
  입증자료를 내지 못하여 세금을 물게 된 경우

• 체납세액에 비하여 너무 많은 재산을 압류하였거나 다른 재산이
  있음에도 사업활동에 지장을 주는 재산을 압류한 경우

• 일반 국세행정 분야에서 국세공무원의 부당한 행위로 납세자의
  권리가 침해되고 있거나 침해가 현저히 예상되는 경우

- 세무조사과정에서 과도한 자료요구 등 세무조사와 관련하여 애로·불만사항이 있는 경우 등
- 기타 세금관련 애로사항 발생

納세자의 고충민원 및 권리보호요청이 접수되면 납세자보호담당관이 책임지고 성의껏 처리해 주고 있다. 그러므로 국세와 관련된 애로사항이 있으면 가까운 세무서의 납세자보호담당관과 상담해 보는 것이 좋다.

전국 어디서나 국번없이 126번으로 전화하여 3번을 누르면 관할 세무서 납세자보호담당관과 연결되어 친절한 상담을 받을 수 있다.

● 납세자 권리구제절차

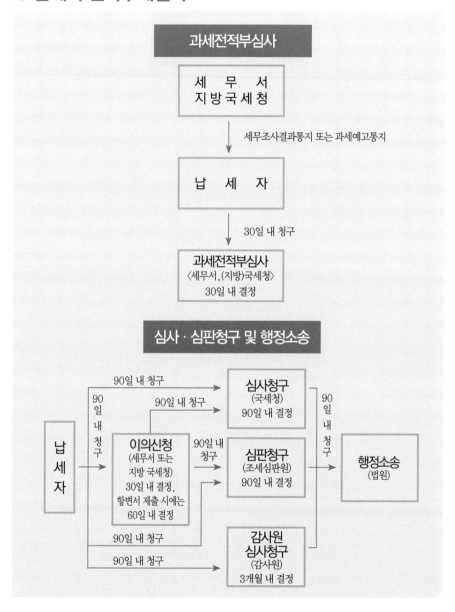

● 심사청구 결정절차

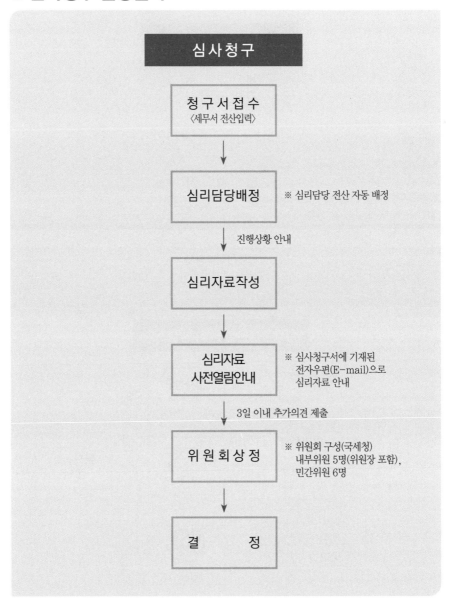

심사청구

청구서접수
〈세무서 전산입력〉

↓

심리담당배정　※ 심리담당 전산 자동 배정

↓ 진행상황 안내

심리자료작성

↓

심리자료
사전열람안내　※ 심사청구서에 기재된
전자우편(E-mail)으로
심리자료 안내

↓ 3일 이내 추가의견 제출

위원회상정　※ 위원회 구성(국세청)
내부위원 5명(위원장 포함),
민간위원 6명

↓

결　　　　정

6

세금을 제때 못 내면
어떤 불이익을 받게 되나?

세금은 내야 하는 기한이 정해져 있는데 이를 '납부기한'이라 한다. 납부기한 내에 세금을 내지 못하면 법적으로나 행정적으로 여러 제재조치를 받게 되는데 그 내용을 살펴보면 다음과 같다.

● 납부지연가산세 부과

납부기한이 지나도록 세금을 내지 않거나 내야 할 세금보다 적게 낸 경우에는 가산세, 즉 납부지연가산세를 추가로 내야 한다. 납부지연가산세는 납부하지 아니한 세액에 법정 납부기한의 다음날부터 납부일까지의 기간에 1일 10만 분의 22의 율(1년 8.03%)을 적용하여 계산한다.

납세자가 납부고지서를 받고도 지정 납부기한까지 세금을 납부하지 않으면 그 금액의 3%를 납부지연가산세로 납부하여야 한다.

● 강제징수

세금을 체납하게 되면 세무서에서는 체납세액을 징수하기 위하여 체납자의 재산을 압류하며, 그래도 계속하여 세금을 내지 않으면 압류한 재산을 매각하여 그 대금으로 체납세금을 충당한다.

● 행정규제

세금을 체납하게 되면 다음과 같은 제재조치를 받을 수 있다.

1) 사업에 관한 허가 등의 제한

허가·인가·면허 등을 받아 사업을 경영하는 자가 허가·인가·면허 및 등록을 받은 사업과 관련된 소득세, 법인세 및 부가가치세를 3회 이상 체납한 경우로서 그 체납액이 500만 원 이상인 때에는 주무관서에 사업의 정지 또는 허가의 취소를 요구할 수 있다.

2) 출국금지

정당한 사유 없이 국세를 5,000만 원 이상 체납한 자로서 소유재산 등으로 조세채권을 확보할 수 없고, 강제징수를 회피할 우려가 있다고 인정하는 경우 관계 부처에 출국금지를 요청한다.

3) 체납 자료의 신용정보기관 제공

다음에 해당하는 경우 세무서장은 신용정보집중기관(한국신용정보원)에 자료를 제공하며, 자료가 제공되면 신용불량정보로 등록되어 신규 대출의 중단, 신용카드 발급 제한 등 각종 금융제재를 받을 수 있다.
- 체납발생일부터 1년이 지나고 체납액이 500만 원 이상인 자
- 1년에 3회 이상 체납하고 체납액이 500만 원 이상인 자

4) 고액·상습체납자의 명단 공개
- 국세체납액이 2억 원 이상인 자로서
  - 체납발생일부터 1년이 지난 경우

5) 고액·상습체납자의 감치 (아래 3가지 요건 모두 충족)

① 국세를 3회 이상 체납, 1년 경과, 체납된 국세 합계 2억 원 이상
② 납부 능력이 있음에도 정당한 사유없이 체납한 경우
③ 국세정보위원회의 의결로 감치 필요성이 인정되는 경우

※ (절차) 국세청장의 감치 신청 → 검사의 감치 청구 → 법원의 결정 → 체납자를 30일 이내 구치소 등에 유치

▶ 관련 법규: 「국세징수법」 제110조, 제112조, 제113조, 제114조, 제115조
　　　　　　「국세징수법 시행령」 제106조

7 정부에서 세금을 부과할 수 있는 기간은?

그동안 부동산에 투자하여 재미를 많이 본 정갑부 씨는 강남에 대형 아파트와 상가건물 등을 소유하고 있는 알부자이다. 그는 최근에 세무서로부터 양도소득세 4,000만 원을 납부하라는 고지서를 받았는데, 내용을 확인해 보니 6년 전에 등기를 하지 않고 토지를 양도한 것이 문제가 되었다.

정갑부 씨는 5년이 지나면 세금을 내지 않아도 되는 것으로 알고 있는데, 세무서에서는 세금을 내야 한다고 주장하고 있다.

정갑부 씨는 세금을 내지 않아도 될까?

세법에서는 일정한 기간 안에서만 세금을 부과할 수 있도록 하고 그 기간이 지나면 세금을 부과할 수 없도록 하고 있는데, 이를 '국세부과의 제척기간'이라 한다.

일반적으로 국민들은 국세부과의 제척기간이 5년이라고 알고 있으나 이를 무조건 5년이라고 생각하면 큰 오산이다. 제척기간이 최장 15년까지 있기 때문이다.

국세부과의 제척기간은 다음과 같다.

● 일반적인 경우

1) 상속세와 증여세
- 원칙: 국세를 부과할 수 있는 날부터(신고기한의 다음날부터) 10년간
- 예외: 다음에 해당하는 경우에는 신고기한의 다음날부터 15년간

- 납세자가 사기 그 밖에 부정한 행위로써 상속세 또는 증여세를 포탈하거나 환급·공제 받는 경우
- 상속세 또는 증여세를 신고하지 아니하였거나 허위신고 또는 누락신고한 경우

2) 상속세 및 증여세 이외의 세금

- 원칙 : 신고기한의 다음날부터 5년간{역외거래[「국제조세조정에 관한 법률」 제2조제1항제1호에 따른 국제거래(이하 "국제거래"라 한다) 및 거래 당사자 양쪽이 거주자(내국법인과 외국법인의 국내사업장을 포함한다)인 거래로서 국외에 있는 자산의 매매·임대차, 국외에서 제공하는 용역과 관련된 거래를 말한다. 이하 같다]의 경우에는 국세를 부과할 수 있는 날부터 7년}*

    * 국제거래는 2015년 1월 1일 이후 국세를 부과할 수 있는 날이 개시하는 분부터, 밑줄 부분은 2019년 1월 1일 이후 국세를 부과할 수 있는 날부터 적용하되 이미 납세의무가 성립한 분은 종전 규정에 따른다.

- 예외
    - 납세자가 법정신고기한 내에 신고를 하지 아니한 경우에는 신고 기한의 다음날부터 7년간(역외거래의 경우 10년)
    - 사기, 기타 부정한 행위로써 국세를 포탈하거나 환급 또는 공제 받는 경우에는 그 국세를 부과할 수 있는 날부터(신고기한의 다음날부터) 10년간 (역외거래의 경우 15년간)
    - 부정한 행위로 포탈하거나 환급·공제받는 국세가 법인세인 경우 「법인세법」 제67조에 따라 처분된 소득세 및 법인세에 대하여도 그 소득세 또는 법인세를 부과할 수 있는 날부터 10년간(2012년 1월 1일 이후 최초 처분하는 금액부터 적용)
    - 납세자의 부정한 행위로 가산세 부과대상 (「소득세법」 제81조 제3항제4호, 「법인세법」 제75조의8제1항제4호, 「부가가치세법」 제60조제2항제2호·제3항 및 제4항)에 해당 시 해당 가산세를 부과할 수 있는 날로부터 10년간 (역외거래의 경우 15년간)

● 특수한 경우

1) 고액 상속·증여재산

납세자가 사기, 기타 부정한 행위로 상속세 또는 증여세를 포탈하는 경우로서 다음 중 하나에 해당하는 경우에는 위의 규정에 불구하고 당해 재산의 상속 또는 증여가 있음을 안 날부터 1년 이내에 상속세 또는 증여세를 부과할 수 있다. 다만, 상속인이나 증여자 및 수증자가 사망한 경우와 포탈세액 산출의 기준이 되는 재산가액이 50억 원 이하인 경우에는 위 일반적인 제척기간에 의한다.

- 제3자의 명의로 되어 있는 피상속인 또는 증여자의 재산을 상속인 또는 수증자가 취득한 경우
- 계약에 의하여 피상속인이 취득할 재산이 계약이행기간 중에 상속이 개시됨으로써 등기·등록 또는 명의개서가 이루어지지 아니하여 상속인이 취득한 경우
- 국외에 있는 상속재산이나 증여재산을 상속인 또는 수증자가 취득한 경우
- 등기·등록 또는 명의개서가 필요하지 아니한 유가증권·서화·골동품 등 상속재산 또는 증여재산을 상속인이나 수증자가 취득한 경우
- 수증자의 명의로 되어 있는 증여자의 「금융실명거래 및 비밀보장에 관한 법률」 제2조제2호에 따른 금융자산을 수증자가 보유하고 있거나 사용·수익한 경우
- 「상속세 및 증여세법」 제3조제2호에 따른 비거주자인 피상속인의 국내재산을 상속인이 취득한 경우
- 「상속세 및 증여세법」 제45조의2에 따른 명의신탁재산의 증여의제에 해당하는 경우

2) 조세쟁송의 경우

이의신청 · 심사청구 · 심판청구 · 감사원법에 의한 심사청구 또는 행정 소송법에 의한 소송을 제기한 경우에는 일반적인 제척기간이 경과하였더라도 그 결정 또는 판결이 확정된 날부터 1년이 경과하기 전까지는 당해 결정 또는 판결에 따라 경정결정을 하거나 기타 필요한 처분을 할 수 있다.

3) 5년(무신고의 경우 7년)을 초과하여 이월결손금 공제를 받는 경우

해당 결손금이 발생한 과세기간의 소득세 또는 법인세는 이월결손금을 공제한 과세기간의 법정신고기한으로부터 1년간

위 사례에서 정갑부 씨의 경우는 미등기로 양도하여 양도소득세를 포탈하였으므로 양도일이 속하는 연도의 다음연도 6월 1일부터 10년이 경과하기 전까지는 세금을 부과할 수 있다. 따라서 정갑부 씨는 세금을 내야 한다.

▶ 관련 법규 : 「국세기본법」 제26조의 2 , 「국세기본법 시행령」 제12조의 3

KOR 국세청
www.nts.go.kr

세금절약 가이드

제2장

양도소득세 알뜰정보

1 세금을 절약하고 싶으면 사전에 전문가와 상담하자.

세금관련 업무에 종사하다 보면 친척 또는 주위사람들이 세금문제에 대해 상담을 해 오는 경우가 있다.

어떤 거래를 하고자 하는데 세금문제가 어떻게 되는지 사전에 상담을 해 오는 사람도 있으나, 일이 터지고 난 이후 또는 고지서를 받고 난 후에 상담을 해 오는 사람들이 대부분이다.

그 때마다 미리 상담을 해 왔다면 절세를 할 수 있는 방법을 알려줄 수 있을 텐데 모든 행위가 끝난 뒤라 어떻게 방법을 찾아보기가 힘들어 답답함을 느낄 때가 한두 번이 아니다.

예를 들어 부동산을 양도하는 경우 사전에 상담을 해 온다면 언제 양도하는 것이 좋은지, 감면이나 비과세를 받을 수 있는 방법은 없는지, 증빙 서류는 어떠한 것을 챙겨야 하는지 등을 전반적으로 검토하여 본인이 알고 있는 최선의 방법을 알려줄 수 있으나, 고지서를 받고 상담을 해 오는 경우에는 어찌할 방법이 없어 나온 세금은 그대로 낼 수밖에 없다고 말해 주는 경우가 대부분이다.

왜냐하면, 이미 등기가 이전되었고 토지대장이나 건축물관리대장 등 공부도 정리되었기 때문에 이를 되돌릴 수가 없으며, 고지서를 받았을 때는 부동산을 양도한 후 상당한 시일이 지난 뒤라 증빙확보도 어려움이 있는 등 대책이 없는 경우가 대부분이기 때문이다.

따라서 양도소득세 등을 절세하기 위해서는 사전에 전문가와 상담을 하거나 관련 세법내용을 충분히 이해하고 대책을 세우는 준비가 필요하다.

최소한 인터넷 국세청 누리집(www.nts.go.kr)에 접속하여 관련 정보를 검색해 보는 것이 좋다. 조금 더 나아가 국세법령정보시스템 (txsi.hometax.go.kr)에서 법령, 해석사례, 판례 등을 꼼꼼히 검색해 보면 세금을 절약할 수 있는 세법지식을 넓힐 수 있다.

2 다주택자인 경우 임대주택 등록을 통하여 세부담을 줄일 수 있다.

　과거에는 거주주택 1개를 보유한 자가 임대주택을 추가로 구입하여 임대사업을 하는 경우 거주주택에 대한 1세대 1주택 비과세를 횟수 제한없이 받을 수 있었으나, 2019년 2월 12일 이후 취득하는 주택부터 생애 한 차례만 거주주택을 최초로 양도하는 경우에 한정하여 국내에 1개의 주택을 소유하고 있는 것으로 보아 비과세를 적용한다.

◆ 매입임대주택 요건

구분	호수	임대기간	주택가액
수도권	1호 이상	2020년 7월 10일 이전 등록: 5년 이상 2020년 7월 11일 ~ 2020년 8월 17일 등록: 8년 이상 2020년 8월 18일 이후 등록: 10년 이상	6억 원 이하
수도권 외			3억 원 이하

1) 2019년 2월 12일 이후 주택임대사업자에 대한 1세대 1주택 거주요건 적용 배제, 거주주택 특례 및 임대주택 중과배제 적용 시 임대료(임대보증금) 증가율 5% 이하 요건 추가(2020년 2월 11일 연 5% → 5%로 개정)

2) 2020년 7.10 부동산대책으로 단기민간임대주택 및 아파트 장기일반민간임대주택 등록이 폐지되고, 2020년 8월 18일 이후 등록분부터 의무임대기간이 10년 이상으로 연장됨

◆ 건설임대주택 요건

구분	호수	임대기간	주택면적	주택가액
전국	2호 이상	2020년 7월 10일 이전 등록: 5년 이상 2020년 7월 11일 ~ 2020년 8월 17일 등록: 8년 이상 2020년 8월 18일 이후 등록: 10년 이상	149㎡ 이하	6억 원 이하

1) 2019년 2월 12일 이후 주택임대사업자에 대한 1세대 1주택 거주요건 적용 배제, 거주주택 특례 및 임대주택 중과배제 적용 시 임대료(임대보증금) 증가율 5% 이하 요건 추가(2020년 2월 11일 연 5% → 5%로 개정)

2) 2020년 7.10 부동산대책으로 단기민간임대주택 등록이 폐지되고, 2020년 8월 18일 이후 등록분부터 의무임대기간이 10년 이상으로 연장됨

　아래의 사례를 통해 임대주택과 관련된 세부담을 줄일 수 있는 방법을 살펴보면,

여러 개의 임대주택을 가진 임대사업자가 거주주택을 양도하여 전체 양도소득에 대해 비과세 받은 후, 임대주택에 거주하게 되면 해당 임대주택도 거주주택으로 직전에 비과세 받은 거주주택의 양도일 이후에 발생한 양도차익분에 대해서 비과세 받을 수 있었으나, 2019년 2월 12일 임대사업자의 거주주택에 대한 비과세 특례가 축소되는 방향으로 개정되어, 거주주택(A)을 양도하여 비과세 받은 후 임대주택(B)에 거주하여 해당 임대주택이 거주주택에 해당하더라도 전체 양도차익에 대해서 과세하되, 최종 임대주택(C)이 거주주택에 해당하는 경우만 직전 거주주택(B) 양도일 이후에 발생한 양도차익분에 대해서 비과세 적용이 가능하다.

◆ 거주주택에 대한 세제지원 사례

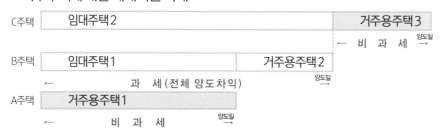

또한, 장기임대주택이 아래 어느 하나에 해당하여 등록이 말소된 경우 해당 등록이 말소된 이후(장기임대주택을 2호 이상 임대하는 경우에는 최초로 등록이 말소되는 장기임대주택의 등록 말소 이후를 말함) 5년 이내에 거주주택을 양도하는 경우에 한정하여 임대기간요건을 갖춘 것으로 보아 비과세를 적용한다.

- 「민간임대주택에관한특별법」 제6조제1항제11호에 따라 임대사업자의 임대의무기간 내 등록 말소 신청으로 등록이 말소된 경우(같은 법 제43조에 따른 임대의무기간의 2분의 1 이상을 임대한 경우에 한정)

- 「민간임대주택에관한특별법」 제6조제5항에 따라 임대의무기간이 종료한 날 등록이 말소된 경우

> ▶ 관련 법규: 「소득세법 시행령」 제154조, 제155조

3 어떤 자산을 팔면 양도소득세가 과세되나?

우리나라는 소득세법에 과세대상 소득을 열거하고 있는데, 다음 자산을 양도하고 발생하는 소득에 대하여는 양도소득세를 과세하고 있다.

◆ 토지·건물
◆ 부동산을 취득할 수 있는 권리·지상권·전세권·등기된 부동산임차권
◆ 상장·코스닥·코넥스의 대주주 등이 양도하는 주식
 • 대주주 등(주주1인과 특수관계인)의 주식소유 비율 및 시가총액 기준

〈 양도소득세 과세대상 상장법인 대주주의 범위 〉

구 분	상장 주식(코스피)	코스닥	코넥스
지분율	1% 이상	2% 이상	4% 이상
시가총액	50억 원 이상	50억 원 이상	50억 원 이상

 • 장외거래 주식

◆ 비상장 주식
 • 상장법인이 아닌 법인의 주식

◆ 기타자산
 • 특정주식(과점주주)

 자산총액 중 부동산(부동산에 관한 권리 포함)이 차지하는 비율이 50% 이상인 법인의 과점주주*가 보유 주식의 50% 이상을 해당 과점주주 외의 자에게 양도하는 경우(양도비율은 양도일부터 소급하여 3년간 합산) 해당 법인의 주식

 * 과점주주: 주주1인 및 그와 특수관계에 있는 자가 소유하고 있는 해당법인의 주식 등 합계액이 50%를 초과하는 경우 그 주주 및 그와 특수관계인

 • 사업에 사용하는 부동산 · 부동산에 관한 권리와 함께 양도하는 영업권
 • 특정시설물이용권

 (골프회원권, 헬스클럽회원권, 콘도이용권, 스키장회원권, 고급 사교장회원권 등)

- 부동산과다보유법인의 주식 등

  부동산 등의 가액이 총자산가액의 80% 이상인 골프장 · 스키장 등을 영위하는 법인의 주식

- 부동산과 함께 양도하는 이축권(구분 신고하는 경우에는 제외)

◆ 파생상품

- KOSPI 200 선물
- KOSPI 200 옵션] (2016년 1월 1일 이후 최초 거래 or 행위부터)

- 미니KOSPI 200 선물
- 미니KOSPI 200 옵션] (2016년 7월 1일 이후 최초 거래 or 행위부터)

- 코스피200 파생결합증권(ELW, 2017년 4월 1일 이후 양도하는 분부터)

- 코스닥150선물 · 옵션, KRX300선물, 섹터 · 배당 지수 선물
- 코스피200변동성지수선물, 코스닥 150 주식워런트 증권 등] (2019년 4월 1일 이후 양도분부터)

※ 2019년 4월 파생상품 양도소득세가 모든 주가지수 관련 파생상품으로 범위 확대

- 파생상품 차액결제거래(CFD, 2021년 4월 1일 이후 발생하는 소득분부터)

◆ 신탁의 이익을 받을 권리

따라서 위에 열거한 자산을 양도하고자 하는 경우에는 양도소득세 문제를 사전에 검토해 보고 대책을 세운 다음 양도하는 것이 좋다.

▶ 관련 법규: 「소득세법」 제94조

양도소득세 알뜰정보

4 담보로 제공한 부동산이 경락되는 경우도 양도소득세 과세대상이 된다.

우리가 보통 부동산을 양도한다고 하면 대가를 받고 부동산을 넘겨주는 '매도'만을 생각하기 쉬우나, 세법에서는 다음과 같은 경우도 양도로 보고 있다.

● 교환

당사자 쌍방이 별개의 자산을 서로 교환하는 경우도 양도로 본다. 예를 들어 갑 소유 주택과 을 소유 나대지를 서로 교환한 경우, 갑은 을에게 주택을 양도하고 을은 갑에게 나대지를 양도한 것으로 본다.

※ 토지의 경계를 변경하기 위하여 「공간정보의 구축 및 관리 등에 관한 법률」 등에 따라 토지를 다음의 요건을 모두 갖추어 교환한 경우는 양도소득세 과세대상에서 제외(2015년 2월 3일 이후 교환하는 분부터)

　① 「공간정보의 구축 및 관리 등에 관한 법률」 등 법률에 따라 토지를 분할하여 교환
　② 토지의 교환으로 인한 변동 면적이 교환 대상 토지 전체 규모의 2/10 이내일 것

● 법인에 대한 현물출자

회사 설립 시 및 신주 발행 시 금전 이외에 부동산 등을 출자하고 그 대가로 주식 또는 출자지분을 취득하는 것도 양도로 본다.

● 부담부증여

'부담부증여'란 수증자가 재산을 무상으로 받으면서 증여자의 채무를 부담하거나 인수하는 증여를 말한다.

타인간에 부담부증여를 하는 경우에는 증여재산가액 중 수증자가 인수한 채무액에 상당하는 부분은 양도로 보고, 채무액을 제외한 순수한 증여분만 증여로 본다.

그러나 배우자나 직계존비속간에 부담부증여를 하는 경우에는 원칙적으로 증여재산가액 중 채무액에 상당하는 부분도 증여로 보나, 수증자가 실지

부담하는 사실이 객관적으로 입증되는 경우에는 채무액에 상당하는 부분을 양도로 본다.

● 담보로 제공한 자산이 경락된 경우

채무보증을 위해 담보로 제공한 자산이 경락되어 타인에게 소유권이 이전되는 경우, 이는 직접 대가를 받고 양도한 것이 아니더라도 그에 상당하는 금액만큼 채무를 면하게 되므로 자산을 양도한 것으로 본다.

● 가등기에 따라 본등기를 행한 경우

채권자가 채권담보목적으로 채무자 소유 부동산을 가등기 한 후 채무자의 채무불이행으로 채권변제에 충당하기 위하여 당해 부동산에 대한 소유권이전등기(본등기)를 이행한 때에는 본등기가 완료된 때에 채무자가 채권자에게 자산을 양도한 것으로 본다.

▶관련법규: 「소득세법」제88조

5

이혼하면서 '재산분할'이 아닌 '이혼위자료' 명목으로 부동산의 소유권이 이전되었다면 양도소득세 과세대상이다.

아파트 2채와 상가 등 여러 개의 부동산을 소유하고 있는 김부자 씨는 아내와 이혼하면서 아이들을 아내가 부양하는 조건으로 아파트 1채와 상가의 소유권을 아내 명의로 이전해 주었다.

대가를 받고 소유권을 넘겨준 것이 아니므로 김부자 씨는 양도소득세를 신고 · 납부하지 않았는데, 1년이 지난 후 세무서로부터 약 2억 원에 상당하는 양도소득세 고지서가 발부되었다.

김부자 씨가 깜짝 놀라 내용을 알아보니, 소유권이전 등기원인이 '이혼위자료 지급'의 경우 아파트와 상가 모두 양도소득세 과세대상 자산이 되기 때문에 세금이 나왔다고 한다.

대가를 받지 않고 소유권이 이전되었는데 왜 양도소득세가 과세될까?

이혼으로 부동산의 소유권이 이전되는 경우 세법에서는 등기원인에 따라 다음과 같이 규정하고 있다.

● 등기원인이 '이혼위자료 지급'인 경우

당사자간의 합의에 의하거나 법원의 확정판결에 의하여 일정액의 위자료를 지급하기로 하고 동 위자료 지급에 갈음하여 당사자 일방이 소유하고 있던 부동산의 소유권을 이전하여 주는 것은 그 자산을 양도한 것으로 본다.

따라서 이전하여 주는 부동산이 양도소득세 과세대상 자산인 경우에는 양도소득세를 내야 한다. 다만, 이전하여 주는 부동산이 1세대 1주택으로써 비과세요건을 갖춘 때에는 등기원인을 위와 같이 하더라도 양도소득세가 과세되지 않는다.

● 등기원인이 '재산분할청구에 의한 소유권이전'인 경우

「민법」 제839조의2에서 규정하는 재산분할청구로 인하여 부동산의 소유권이 이전되는 경우에는 부부 공동의 노력으로 이룩한 공동재산을 이혼으로 인하여 이혼자 일방이 당초 취득 시부터 자기지분인 재산을 환원받는 것으로 보기 때문에 양도 및 증여로 보지 아니한다.

위와 같이, 이혼으로 인해 부동산의 소유권이 이전된 경우에는 등기원인에 따라 양도소득세의 납부의무에 차이가 있으므로 주의하도록 하자.

🔍 **Guide** ┊ 민법 제839조의 2(재산분할 청구권)

① 협의상 이혼한 자의 일방은 다른 일방에 대하여 재산분할을 청구할 수 있다.
② 제1항의 재산분할에 관하여 협의가 되지 아니하거나 협의할 수 없는 때에는 가정법원은 당사자의 청구에 의하여 당사자 쌍방의 협력으로 이룩한 재산의 액수 기타 사정을 참작하여 분할의 액수와 방법을 정한다.
③ 제1항의 재산분할청구권은 이혼한 날부터 2년을 경과한 때에는 소멸한다.

▶ 관련 법규: 「소득세법」 제88조, 민법 제839조의 2
　　　　　　「상속세 및 증여세법」 제2조, 제53조

6 부부 등이 공동명의로 부동산을 취득하면 양도 시 세부담을 줄일 수 있다.

공동명의로 취득한 부동산을 양도하는 경우 양도소득세가 공동명의자 각각에 대해 별도로 계산됨에 따라 현행 누진세율 체계하에서 단독명의로 양도하는 경우에 비해 세부담을 줄일 수 있다.

※ 취득 시 부담하는 취득세는 취득자 수와 관계없이 동일

예를 들어 남편 단독명의로 2채의 아파트를 소유하다가 2021년 1월에 아파트 1채를 양도(양도소득금액 1억 5천만 원)하는 경우 양도소득세를 약 3천6백만 원(35% 세율 적용) 정도 내야 하지만, 취득 시 공동명의(각각 1/2 지분)로 하면 양도소득세가 약 2천4백만 원(각각 24% 세율 적용) 정도가 되어 세부담을 줄일 수 있다.

7

따로 거주하고 있는 부모의 주민등록을 함께해 놓은 경우에는 주택을 양도하기 전에 사실대로 정리하는 것이 좋다.

부모와 자녀가 각각 주택을 하나씩 가지고 있으면서 농촌과 도시에 따로 살고 있으나 건강보험 등의 문제로 부모의 주민등록을 자녀의 주소로 옮겨 놓는 경우가 종종 있다.

이런 경우 주택을 팔지 않으면 별 문제가 없으나, 부모 또는 자녀의 집 중 어느 하나를 팔게 되면 1세대 2주택자가 주택을 양도한 것으로 되어 양도 소득세 과세문제가 발생한다.

● 1세대 여부 판정

1세대 1주택에서 '1세대'란 거주자 및 배우자(법률상 이혼을 하였으나 생계를 같이 하는 등 사실상 이혼한 것으로 보기 어려운 관계에 있는 사람을 포함)가 그들과 동일한 주소 또는 거소에서 생계를 같이하는 가족과 함께 구성하는 1세대를 말한다.

여기서 '생계를 같이 하는 가족'이라 함은 동일한 생활공간에서 동일한 생활자금으로 생계를 같이하는 거주자, 배우자, 직계존·비속(그 배우자를 포함) 및 형제자매를 말한다.

1세대 판정 시 주민등록상으로는 동일 세대로 등재되어 있다 하더라도 사실상 따로 거주하고 있고 생계를 같이 하지 아니하면 동일 세대로 보지 않는다. 따라서, 이 경우에는 납세자가 객관적인 증빙자료를 첨부하여 생계를 같이 하고 있지 않다는 사실을 입증하여야 한다.

● 양도소득세 과세

세무서에서는 부동산의 소유권이전등기가 끝난 자료를 수집하여 전산 처리 후 이에 의하여 과세대상 자료를 분류하는데, 위와 같이 양도일 현재 부모와 자녀가 각각 주택을 소유하고 있고 동일한 주소지에 주민등록이 되어 있으면서 부모와 자녀의 집 중 어느 하나를 팔게 되면 1세대 2주택자가 주택을 양도한 것으로 분류된다.

따라서 세무서에서는 비과세대상이 아니므로 양도소득세 과세 여부를 검토하게 된다. 납세자가 생계를 같이 하고 있지 않다는 사실을 입증하지 못하여 고지서가 발부되면 공식적인 불복절차를 거쳐야 하는데, 주민등록상 같이 거주한 것으로 되어 있는 것을 따로 거주하였다고 입증하기란 쉬운 일이 아니다.

● 절세방안

1세대 1주택 해당여부는 양도일 현재를 기준으로 판단하는데, 주민등록상 동일세대로 등재되어 있는 것을 양도일로부터 상당한 시일이 지난 시점에서 사실상은 별도세대였다는 것을 입증하기란 대단히 어렵다.

그러므로 부모 또는 자녀의 주택 중 어느 하나를 양도할 계획이라면 양도하기 전에 실제 거주 내용에 맞게 사실대로 주민등록을 정리하여 세대를 분리하는 것이 좋다. 그러면 별도세대 입증 등 복잡한 문제 없이 1세대 1주택으로 인정받을 수 있기 때문이다.

🔍 **Guide**　참고 예규

- 부부간에는 각각 단독세대를 구성하더라도 같은 세대로 본다.
- 장인, 장모, 처남, 처제, 사위, 며느리도 생계를 같이하는 경우 1세대를 구성하는 가족의 범위에 포함된다.

▶ 관련 법규 : 「소득세법」 제89조, 「소득세법 시행령」 제154조

8 1주택 소유자가 공부상은 주택이나 사실상 상가인 건물을 또 하나 소유하고 있다면 주택을 양도하기 전에 공부를 정리해 놓도록 하자.

아파트 1채와 상가건물을 소유하고 있는 홍길동 씨는 거주하던 아파트를 팔고 단독주택으로 이사하였으나 1세대 1주택 비과세 대상으로 보아 양도소득세를 신고하지 아니하였다.

그런데 몇 달 후 세무서에서 양도소득세 4,500만 원을 납부하라는 고지서가 발부되어 내용을 알아보니 상가건물 중 일부가 주택으로 등재되어 있어 1세대 2주택 소유자에 해당되므로 양도소득세를 내야 한다는 것이다.

건축물관리대장에는 상가건물 중 일부가 주택으로 등재되어 있지만 아파트를 양도할 당시에는 점포로 임대하고 있어 사실상은 주택이 아니었다.

이런 경우에는 어떻게 해야 구제를 받을 수 있나?

● 주택의 판정

1세대 1주택에서 '주택'이란 사실상 주거용으로 사용하는 건물을 말하며, 건축허가서상의 내용 또는 등기 내용에 관계없이 거주 목적을 위하여 사용되는 건축물은 주택으로 본다.

거주용으로 사용하는지 여부는 공부(등기부, 건축물관리대장 등)상의 용도에 관계없이 사실상의 용도에 따라 판단하되, 사실상의 용도구분이 불분명한 경우에는 공부상의 용도에 따라 판단한다.

그러므로 위 사례의 경우 건축물관리대장에 주택으로 되어 있다 하더라도 사실상 상가 또는 사무실 등으로 사용했다면 당해 건물은 주택으로 보지 않는다. 따라서 아파트를 양도한 것은 1세대 1주택의 양도에 해당되어 양도소득세를 내지 않아도 된다.

● 사실의 입증

세무서에서는 모든 과세자료에 대하여 일일이 사실상의 용도를 확인하여 과세할 수 없으므로 일단 공부상의 용도에 의해 과세대상 여부를 판단한다.

그러므로 사실상의 용도가 공부상의 용도와 다른 경우에는 납세자가 사실상의 용도를 입증해야 하는데, 다음과 같은 증빙서류에 의하여 그 사실이 객관적으로 입증되어야 인정을 받을 수 있다.

◆ 증빙서류 예시
- 임대차계약서 사본
- 임차인의 사업자등록증 및 부가가치세신고서 사본
- 임대인의 부가가치세신고서 및 부동산임대공급가액명세서
- 기타 상가로 임대했음을 증명할 수 있는 서류

● 절세방안

양도소득세는 통상 양도일로부터 4~5개월 이상 지나야 고지서가 발부되는데, 미리 서류를 준비해 두지 않았다면 증빙서류를 갖추기가 쉽지 않으며 임차인이 바뀌었다던가 협조를 해 주지 않으면 더욱 어려움을 겪게 된다.

또한 증빙서류는 공부상의 내용을 부인하고 새로운 사실을 입증해야 하는 것이어야 하기 때문에 누구나 인정할 수 있는 객관적인 증빙을 제시하지 않으면 사실을 인정받기가 매우 어렵다.

그러므로 위와 같은 경우 아파트를 팔 계획이라면 미리 상가건물의 용도를 변경하고 공부를 정리해 놓는 것이 좋다. 그래야 나중에 사실을 입증하기 위해 증빙서류를 갖추는 수고를 덜게 된다.

> **Q Guide** 공부(公簿)
>
> '공부'란 관공서에서 작성·비치하고 있는 장부로서, 부동산 등기부·토지대장· 건축물 관리대장·주민등록표등본 등을 말함

9 2주택자가 1주택을 멸실하여 나대지 상태에 있거나 신축 중에 나머지 1주택을 양도하면 비과세 적용을 받을 수 있다.

아파트에 거주하고 있는 이보람 씨는 전원생활을 하기 위해 출퇴근이 가능한 도시 근교에 있는 조그만 밭이 딸린 농가주택을 새로 구입하였다.

농가주택은 그대로 사용하기에는 낡고 불편한 점이 많아 새로 신축하여야 할 상황이다.

이보람 씨는 현재 살고 있는 아파트를 처분하여 그 돈으로 농가주택을 신축하여 이사하려고 한다.

이런 경우에는 언제 아파트를 팔아야 세금을 안 낼 수 있을까?

대도시에서 아파트 생활을 하는 많은 사람들은 나중에 여유가 생기거나 직장이나 사업에서 은퇴를 하게 되면 한적한 곳에서 전원생활을 하고 싶다는 소박한 꿈을 갖고 있으며, 이를 실현하기 위해 미리 농가주택 등을 구입해 놓는 사람들도 많이 있다.

이와 같이 꿈을 실현하기 위해 미리 준비하는 것은 바람직한 일이지만, 양도소득세 측면에서는 문제가 발생한다. 아파트를 하나 소유하고 있으면서 농가주택을 구입하게 되면 1세대 2주택이 되므로, 대도시 내에서 다른 곳으로 이사를 하거나 농가주택으로 이사하기 위해 살고 있는 아파트를 팔게 되면 양도소득세가 과세되기 때문이다.

그런데, 세법을 적용할 때 국내에 2주택을 소유하고 있는 자가 그 중 1주택을 헐어버리고 나대지 상태로 보유하고 있는 동안에는 1주택만을 소유한 것으로 보며, 주택을 신축(재개발·재건축은 제외)하는 때에는 신축주택의 취득시기(사용승인서 교부일. 사용승인서 교부일 전에 사실상 사용하거나 임시사용승인을 받은 경우에는 그 사실상의 사용일 또는 임시사용승인을 받은 날 중 빠른 날)가 도래하기 전까지만 1세대 1주택으로 보고 그 다음부터는 1세대 2주택으로 본다.

따라서 이보람 씨의 경우 현재 살고 있는 아파트를 2년 이상 보유하였다면, 그 아파트를 양도하기 전에 농가주택을 헐어버리고 새로 신축한 농가주택의 취득시기 전에 아파트를 양도하면 비과세를 받을 수 있다.

농가주택을 헐어버린 경우에는 멸실신고를 하고 건축물관리대장 등 공부를 정리해 두는 것이 좋다. 그래야 나중에 멸실사실을 입증하여야 하는 번거로움이 없기 때문이다.

▶ 관련 법규: 「소득세법」 제89조
　　　　　　「소득세법 시행령」 제154조, 제155조

10 1주택자가 주택을 음식점으로 용도 변경하였으나 양도하는 시점에 사실상 주택으로 사용하고 있다면 공부상 주택으로 변경한 후 양도하자.

도시 근교에 10년 이상 거주한 단독주택 하나를 소유하고 있는 김성실 씨는 음식점을 하기 위해 주택을 음식점으로 용도변경하여 사업을 시작하였다.

그러나 당초 기대했던 만큼 사업은 되지 않고 부채만 자꾸 늘어나 1년 만에 사업을 폐지하고 집도 팔려고 내놓았다. 그런데 집을 팔게 되면 5천만 원 가량의 양도소득세를 내야 한다고 한다.

이런 경우 어떻게 하면 세금부담을 줄일 수 있을까?

● 1세대 1주택 비과세

1세대가 양도일 현재 국내에 하나의 주택을 보유하고 있는 경우로서 당해 주택(미등기주택 및 고가주택은 제외)의 보유기간이 2년 이상인 것과 그에 부수되는 토지로서 건물이 정착된 면적의 5배(3배, 10배) 이내의 토지를 양도하는 것에 대하여는 양도소득세를 비과세하고 있다.

이때 양도하는 건물이 주택인지 2년 이상 보유하였는지 등의 판정은 양도일 현재를 기준으로 하며, '2년 이상 보유'란 보유기간 중에 주택으로 사용한 기간을 통산하여 2년 이상인 경우를 말한다.

● 절세방안

위 사례의 경우 김성실 씨는 주택을 음식점으로 용도변경하였으므로 그 상태로 양도한다면 양도소득세를 내야 한다. 그러므로 김성실 씨가 비과세 적용을 받기 위해서는 양도 당시 위 건물을 주택으로 사용하여야 한다.

2년 이상 보유 요건은 음식점으로 용도변경하기 전에 주택으로 2년 이상 보유하였으므로 용도변경 후 바로 양도해도 비과세 적용을 받을 수 있다. 만약 용도변경 전 보유기간이 2년 미만이라면 주택으로서의 보유기간이 통산하여 2년 이상이 된 후에 양도해야 비과세 적용을 받을 수 있다.

문제는 양도당시 주택으로 사용한 사실을 인정받는 것인데, 가장 확실한 방법은 건물을 양도하기 전에 음식점 폐업신고를 하고 용도를 다시 주택으로 변경하여 실제로 주택으로 사용하면서 건축물대장 등 공부를 정리해 놓는 것이다. 물론 이렇게 하기 위해서는 용도변경을 하기 위한 의무사항 이행, 매수자의 음식점 개업여부 등 여러 가지 제약이 따를 수 있다.

공부정리가 어렵다면 양도당시 사실상 주택으로 사용하였음을 입증할 수 있는 증빙서류를 철저히 갖추어 놓아야 한다.

갖추어야 할 증빙서류는 각각의 경우마다 다르나, 이 건의 경우는 대체로 다음과 같은 서류를 갖추어 놓아야 할 것이다.

- 매매물건의 용도가 '주택'인 매매계약서
- 전기요금납부영수증(가정용)
- 날짜가 찍힌 주택사진(내부 및 외부)
- 다른 사람에게 임대한 경우에는 주택임이 명시된 임대차계약서 사본 및 임대주택의 전입세대 열람 내역 등
- 기타 당해건물이 주택임을 증명할 수 있는 서류

> ▶ 관련 법규: 「소득세법」 제89조
> 「소득세법 시행령」 제154조

11 상가 겸용주택을 신축하는 경우 주택부분을 조금 더 크게 하면 전체를 주택으로 인정받는다.

직장생활을 하다 정년퇴직한 박문수 씨는 안정된 노후생활을 위하여 거주하고 있는 주택을 헐고 4층짜리 주상복합건물을 신축하여 1개층은 본인이 사용하고 나머지는 임대를 하려고 한다.

박문수 씨는 나중에 이 건물을 양도하더라도 양도소득세 과세대상이 되지 않도록 요건에 맞게 건축하려고 하는데, 어떻게 신축해야 하나?

● 세법규정

1세대 1주택 비과세 규정을 적용할 때 한 동의 건물이 주택과 주택 외의 부분으로 되어 있는 겸용주택의 경우와 한 울타리 내에 주택과 주택 외의 건물이 있는 경우에는 그 전부를 주택으로 보며, 주택의 연면적이 주택 외의 연면적보다 작거나 같을 때에는 주택 외의 부분은 주택으로 보지 아니한다.

> **Q Guide** 참고 예규
>
> • 주택의 연면적 > 주택 외 연면적 : 전부를 주택으로 봄
> • 주택의 연면적 ≤ 주택 외 연면적 : 주택부분만 주택으로 봄

다만, 12억 원을 초과하는 고가 겸용주택의 경우 2022년 1월 1일 이후 양도분부터 주택의 연면적이 주택 외 연면적보다 큰 경우에도 주택부분만 주택으로 보고 양도차익을 계산하도록 개정되었다(고가주택에 해당하지 않은 겸용주택은 개정 전과 동일함).

● 절세방안

위에서 살펴본 것과 같이 겸용주택의 경우 주택의 연면적이 주택 외의 연면적보다 큰 경우에는 전체를 주택으로 보므로, 겸용주택을 신축할 경우

주택부분을 조금 더 크게 신축하고 1세대가 해당 겸용주택 1채를 양도할 때에는 그 전부에 대하여 비과세를 적용받을 수 있다.

박문수 씨의 경우 지하 1층 지상 4층의 건물로서 1·2층은 근린생활시설, 3·4층은 주택을 신축하고자 할 때, 지하층에 주거용 방을 들이든지 지하층에 방을 들일 수 없다면 옥상 등 다른 부분에 주거용으로 사용하는 건물(옥탑방 등)을 건축하여 주택부분을 조금이라도 더 크게 하면 된다.

그러나 이 방안은 세금측면에서만 검토한 것이므로 건축규제 여부, 임대수입 등 제반사항을 고려하여 결정하여야 할 것이다.

🔍 Guide 참고 예규

- 1세대 1주택 해당여부를 판정할 때 임대하고 있는 상가 등 영업용 건물에 속한 주거용 방은 주택으로 보지 않는다.
- 주택에 해당되는지 여부는 공부상의 용도에 관계없이 그 실제구조 및 사용 형태에 의해 판정하며, 사실상의 용도가 불분명한 경우에는 공부상의 용도에 의한다.
- 겸용주택의 지하실은 실지 사용하는 용도에 따라 판단하는 것이며, 사용용도가 명확하지 아니한 경우에는 주택의 연면적과 주택 이외의 연면적의 비율로 안분하여 계산한다.
- 2층 겸용주택으로서 2층 주택을 올라가기 위한 2층 전용계단이 1층에 설치된 경우 그 계단부분은 주택으로 본다.
- 겸용주택에 부설된 계단 등 시설물은 사실상의 사용용도에 따라 구분하되 용도가 불분명한 경우에는 주택면적과 주택 외 연면적의 비율로 안분계산한다.

▶ 관련 법규: 「소득세법」 제89조
　　　　　　　「소득세법 시행령」 제154조

12 주택과 주택 외의 연면적이 같은 겸용주택을 양도하는 경우에는 계단 등 주택으로 볼 수 있는 부분이 없는지 살펴보자.

김시민 씨는 8년 전에 신축한 상가 겸용주택(지하 대피소, 1~2층 근린생활시설, 3~4층 주택으로 각 층 연면적은 50㎡)을 양도(양도가액 12억 원 이하)하였으나 1세대 1주택의 양도로 보아 양도소득세를 신고 납부하지 아니하였다.

그런데 얼마 전 세무서에서 1,500만 원의 양도소득세 고지서가 나와 내용을 알아보니, 주택과 주택 외의 연면적이 동일하다 하여 주택 외의 연면적에 대하여 양도소득세를 과세한 것이었다.

김시민 씨의 경우 어떻게 하면 전체를 주택으로 인정받아 양도소득세를 비과세 받을 수 있을까?

겸용주택의 경우 주택의 연면적이 주택 외의 연면적보다 크면 전체를 주택으로 보지만, 주택의 연면적이 주택 외의 연면적보다 작거나 같으면 주택부분만 주택으로 본다.

따라서 겸용주택 하나만을 보유하고 있는 세대의 경우 주택 부분이 크냐, 작거나 같으냐에 따라 세금을 하나도 안 내거나 거액의 세금을 내게 되는 경우가 생길 수 있다.

주택의 연면적과 주택 외의 연면적이 같거나 비슷한 경우에는 다음의 경우를 참고하여 주택의 연면적이 크다는 사실을 적극적으로 입증하면 절세를 할 수 있다.

●상가에 딸린 방이 있는 경우

실무에서는 상가로 임대하고 있는 영업용 건물 내에 세입자가 주거용으로 사용하고 있는 부분이 있다 하더라도 그 부분은 주택으로 인정하지 않고 있으나, 조세심판결정례에서는 임차인이 가족과 함께 상가 내의 방에서 거주한 사실이 확인되는 경우에는 주택으로 인정해 주고 있다.

따라서 상가에 딸린 방이 있는 경우에는 다음과 같은 서류를 준비하여 주택임을 입증하여야 한다.

- 임대차계약서 사본(당초 계약을 할 때 상가면적과 주택면적을 구분 기재 하는 것이 좋음)
- 세입자의 주민등록표 등본(해당 주택의 전입세대 열람으로 갈음 가능)
- 인근 주민들의 거주사실확인서
- 기타 세입자가 거주한 사실을 입증할 수 있는 서류

●지하실의 경우

지하실은 실지로 사용하는 용도에 따라 구분하되, 용도가 불분명한 경우에는 주택의 연면적과 주택 외의 연면적의 비율로 안분하여 구분한다.

따라서 지하실의 일부 또는 전부를 세입자가 주거용으로 사용하는 경우에는 이를 적극 입증하여야 한다.

●계단의 경우

통상 계단에 대하여는 별 관심을 두고 있지 않으나 위와 같이 주택의 연면적과 상가 등의 면적이 같거나 비슷한 경우에는 계단에도 관심을 기울여야 한다.

계단도 다른 시설물의 경우와 같이 실지 사용용도에 따라 구분하되, 용도가 불분명한 경우에는 주택의 연면적과 주택 외의 연면적의 비율로 안분계산 한다.

예를 들어, 1층은 상가이고 2층은 주택인 겸용주택으로서 2층 전용계단이 1층에 설치된 경우 1층 면적 중 그 계단부분은 주택으로 본다.

위 사례의 경우도 3, 4층 주택을 올라가기 위한 주택전용계단이 2층에 설치된 경우 2층 면적 중 계단부분은 주택으로 볼 수 있다.

● 위 사례의 경우

지하층의 전부 또는 일부를 세입자의 주거용으로 사용했다면 그 사실을 적극 입증하고, 그렇지 못한 경우에는 2층 계단 면적을 주택으로 계산하여 주택의 연면적이 넓으면 1세대 1주택 비과세 적용을 받을 수 있다.

다만, 12억 원을 초과하는 고가 겸용주택의 경우 2022년 1월 1일 이후 양도분부터 주택의 연면적이 주택 외 연면적보다 큰 경우에도 주택부분만 주택으로 보고 양도차익을 계산하도록 개정되었다(고가주택에 해당하지 않는 겸용주택은 개정 전과 동일함).

▶ 관련 법규: 「소득세법」 제89조
　　　　　　 「소득세법 시행령」 제154조

13 양도하는 주택이 고가주택에 해당하면 1세대 1주택이라고 하더라도 세금을 납부해야 한다.

● 고가주택에 대한 과세내용

'고가주택'이란 주택 및 이에 부수되는 토지의 양도당시의 실지거래가액의 합계액이 12억 원을 초과하는 것을 말한다(조합원 입주권 포함).

겸용주택의 1세대 1주택 판정 시 주택의 면적이 주택 외의 면적보다 커서 전체를 주택으로 보는 경우에는 주택 외의 부분을 포함한 전체 실거래가액을 가지고 고가주택 여부를 판정한다.

● 과세되는 고가주택의 양도소득 계산

1세대 1주택 비과세 요건을 갖추었더라도 고가주택을 양도하는 경우에는 양도소득세가 과세되는데, 이때에는 양도소득 전체에 대하여 과세하는 것이 아니라 12억 원을 초과하는 부분에 대하여만 양도소득세를 과세한다.

고가주택의 양도소득은 다음과 같이 계산한다.

> 양도가액 − 필요경비(취득가액 등) = 양도차익
> 양도차익 − 장기보유특별공제 = 양도소득금액

- 과세되는 고가주택의 양도차익

$$= \text{전체 양도차익} \times \frac{\text{양도가액} - 12\text{억 원}}{\text{양도가액}}$$

- 과세되는 고가주택에 적용할 장기보유특별공제액

$$= \text{전체 장기보유특별공제액} \times \frac{\text{양도가액} - 12\text{억 원}}{\text{양도가액}}$$

▶ 관련 법규: 「소득세법」 제89조, 제95조
「소득세법 시행령」 제156조, 제160조

14

허위계약서를 작성하면 양도소득세 비과세 · 감면이 안된다.

△△△씨는 3년 전에 서울의 아파트를 200백만 원에 분양받아 거주하다 1세대 1주택 비과세 요건을 충족한 후, 양수자의 부탁으로 원래 양도가액보다 150백만 원이 과다한 업(UP)계약서를 작성 교부하여 양수자로 하여금 양도소득세를 탈루하게 하였다.

● UP 계약서 작성 사례

UP 계약서 작성

양도금액 950백만 원
[실거래] 양도금액 800백만 원

양도차익 50백만 원
[실거래] 양도금액 1,000백만 원

△△△
전소유자

양수자

후 취득자

● DOWN 계약서 작성 사례

실거주 목적의 취득자 ○○○씨는 서울의 아파트를 450백만 원에 양수하면서 양도자의 부탁으로 400백만 원의 다운계약서를 작성하여 전소유자가 150백만 원의 양도차익을 100백만 원으로 줄여 신고할 수 있도록 하여 양도소득세를 탈루하게 하였다.

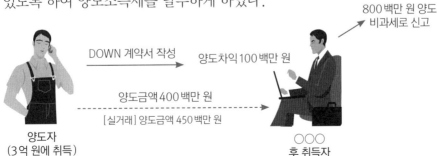

DOWN 계약서 작성   양도차익 100백만 원

800백만 원 양도
비과세로 신고

양도금액 400백만 원
[실거래] 양도금액 450백만 원

양도자
(3억 원에 취득)

○○○
후 취득자

2011년 7월 1일 이후 최초로 매매계약하는 분부터 매매계약서의 거래가액을 실지거래가액과 다르게 적은 경우에는 양도소득세의 비과세·감면 규정을 적용할 때 비과세·감면 받을 세액에서 아래 ①과 ②중 적은 금액을 뺀 세액만 비과세·감면되며, 또한 과태료*가 부과됩니다.

① 비과세를 적용하지 않았을 경우의 산출세액
② 매매계약서의 거래가액과 실지거래가액과의 차액

* 과태료(「부동산 거래신고 등에 관한 법률 시행령」 [별표3])

실거래가액과 신고가격의 차액	과태료
실거래가액과 10% 미만 차이	취득가액의 2%
실거래가액과 10% 이상 20% 미만 차이	취득가액의 4%
실거래가액과 20% 이상 30% 미만 차이	취득가액의 5%
실거래가액과 30% 이상 40% 미만 차이	취득가액의 7%
실거래가액과 40% 이상 50% 미만 차이	취득가액의 9%
실거래가액과 50% 이상 차이	취득가액의 10%

※ 부동산 거래신고를 잘못하였을 경우 이외 과태료가 더 있을 수 있으므로 「부동산 거래신고 등에 관한 법률 시행령」 [별표 3]을 참고바람

▶ 관련 법규: 「소득세법」 제91조,
　　　　　　　「조세특례제한법」 제129조

15

공부상에는 등재되어 있지 않으나 무허가주택이 있고 사실상 거주하였다면 이를 적극 입증하자.

농가주택이나 대지가 넓은 주택의 경우는 그 부수되는 토지 안에 실제로 주거용으로 사용하는 무허가 건물이 있는 경우가 종종 있다.

이때 건물은 1세대 1주택 비과세 요건을 충족하여 비과세 되었으나, 부수토지가 넓어서 기준면적을 초과하는 토지가 발생되고 그에 대하여 양도소득세가 과세되는 경우 등기부 등 공부상의 내용만을 가지고 세금을 계산하면 실제 내야 할 세금보다 훨씬 많은 세금을 내게 된다.

이러한 경우에는 어떻게 해야 하나?

● 1세대 1주택 비과세

소득세법에서는 1세대 1주택과 그에 부수되는 일정한 범위 내의 토지를 양도함으로써 발생된 소득에 대하여는 양도소득세를 비과세하고 있다.

여기서 '1세대 1주택'이란 1세대가 양도일 현재 국내에 1주택을 보유하고 있는 경우로서 당해 주택(미등기, 고가주택은 제외)의 보유기간이 2년 이상인 것과 이에 부수되는 토지로서 건물이 정착된 면적의 5배(3배, 10배)이내의 토지를 말하며,

'주택'이란 공부상의 용도구분에 불구하고 사실상 주거용으로 사용하는 건물과 그 부속건물을 말한다.

따라서 공부상 점포 또는 사무실로 되어 있는 건물이나 무허가 건물도 실제로 주택으로 사용되는 때에는 주택으로 보며, 농가 주택의 부수창고 등도 주택으로 본다.

● 절세방안

주택의 일부 또는 부수토지 내에 무허가주택이 일부 있더라도 1세대 1주택으로 비과세되거나 허가받은 건물만을 가지고 계산하더라도 그 부수토지가 기준면적 이내인 때에는 문제가 없다.

문제는 대지가 넓어 기준면적을 초과하는 토지가 나오는 경우인데, 이런 때에는 공부에 등재되지 않은 무허가 건물은 없는지 또는 주택으로 볼 수 있는 부속건물은 없는지를 철저히 살펴보는 것이 좋다. 왜냐하면 주택으로 볼 수 있는 무허가건물이 있으면 그 바닥면적의 5배(3배 또는 10배)에 상당하는 토지에 대하여도 비과세 적용을 받을 수 있기 때문이다.

예를 들어, 도시지역 내에 있는 주택으로 대지가 495㎡이고 허가건물의 바닥 면적이 66㎡, 무허가건물의 바닥면적이 33㎡가 있는 경우

- 공부상의 내용만 가지고 계산하는 경우에 주택의 바닥면적(66㎡)의 5배 (330㎡ =66㎡ × 5)를 초과하는 토지의 면적 165㎡ (495㎡ − 330㎡)는 양도소득세가 과세되나
- 주택에 해당하는 무허가건물이 있음을 입증하면 주택 바닥면적 99㎡(66㎡ + 33㎡)의 5배에 해당하는 토지 면적은 495㎡ (99㎡ × 5)이므로 전체를 비과세 받을 수 있다.

무허가건물이 있음을 입증하는 것이 쉬운 일은 아니나 대체로 다음과 같은 서류를 준비하면 될 것이다.

- 부동산매매계약서(무허가건물부분도 반드시 표기)
- 무허가건축물에 대한 재산세납부영수증 또는 과세대장 사본
- 무허가건물을 임대한 경우 임차인의 주민등록표등본(해당 주택의 전입세대 열람으로 갈음 가능)

- 양도당시의 날짜가 표시된 현장사진
- 인근주민들의 인우보증서 등

Guide 참고 예규

- 농가주택의 부수토지 위에 있는 농업에 필요한 기구 및 수확물을 보관하기 위한 창고 등은 농가주택에 포함됨.
- 주택에 부수되는 토지에 축사 등의 건물이 있는 경우로서 축사 등의 건물이 주택보다 큰 경우에는 주택의 부속건물로 보지 아니함.

▶ 관련 법규 : 「소득세법」 제89조
　　　　　　 「소득세법 시행령」 제154조

16 공부상 주택으로 등재되어 있으나 사실상 폐가인 경우에는 멸실하고 공부를 정리해 놓는 것이 좋다.

서울에 살면서 아파트 1채를 소유하고 있는 신나라 씨는 몇 해 전에 노후에 거주할 목적으로 지방에 있는 조그만 밭과 그에 딸린 농가주택을 하나 구입한 적이 있다.

농가주택은 취득 당시에도 빈집이었지만 그동안 돌보지 아니하여 완전히 폐가가 되었으며 신나라씨 또한 이를 집이라고 생각하지 않고 있다.

그런데 이번에 살고 있는 아파트를 팔고 다른 곳으로 이사하려고 하니 1세대 2주택자이기 때문에 수천만 원의 양도소득세를 내야 한다고 한다. 사람이 살 수도 없는 집인데 건축물관리대장과 부동산등기부에 주택으로 등재되어 있다고 거액의 세금을 내야 한다니 신나라 씨로서는 억울한 생각이 든다.

이런 경우 세금을 안 낼 수 있는 방법은 없나?

신나라 씨의 경우와 같이 공부상 2채의 주택을 소유하고 있는 자가 그 중 하나의 주택을 양도하게 되면 일단 양도소득세 과세대상으로 분류된다.

물론 양도소득세는 실질내용에 따라 과세하므로 그 중 1주택이 폐가 상태에 있는 등 주택으로서의 기능을 하지 못한다면 나머지 1주택을 양도하는 경우 비과세 적용을 받을 수 있으나, 이를 인정받기가 그리 쉬운 일이 아니다.

왜냐하면 아파트 양도당시에 농가주택이 폐가 상태였다는 것을 누가

보더라도 인정할 수 있는 객관적인 자료를 가지고 입증하여야 하기
때문이다. 만약 미리 자료를 준비해 놓지 않고 있다가 고지서를 받고 난
다음에 소급해서 자료를 준비하려면 자료를 준비하는 것도 어렵지만 이를
인정받기도 매우 어렵다.

그러므로 농가주택을 새로 개축할 예정이거나 주택신축 허가를 받기가
어려워 세금부담을 감수하고서라도 보유할 예정이 아니라면 폐가상태에
있는 농가주택은 멸실시킨 다음 건축물관리대장 등 공부를 정리해 두는
것이 좋다. 그러면 거주하고 있는 주택을 양도하더라도 아무런 문제없이
1세대 1주택 비과세 적용을 받을 수 있기 때문이다.

▶ 관련 법규: 「소득세법」 제89조
　　　　　　　「소득세법 시행령」 제154조

17 '2년 이상 보유' 규정을 정확히 알고 이를 잘 활용하자.

친지 또는 이웃들과 양도소득세 관련 세금상담을 하다 보면 재건축한 주택이나 상속받은 주택 같은 경우 1세대 1주택 비과세 요건을 충족했음에도 이를 잘 알지 못하여 필요할 때 집을 팔지 못하고 재건축일 또는 상속일로부터 다시 2년을 채우느라 기다리고 있는 경우를 종종 보게 된다.

1세대 1주택 비과세 요건 중 보유기간 2년은 다음과 같이 계산하므로 이를 잘 활용하면 주택을 양도하기 위한 의사결정을 하는데 도움이 될 것이다.

1) 일반적인 경우(원칙)

취득일부터 양도일까지로 한다.
- 1세대 1주택 양도소득세 비과세 보유·거주기간 재기산 제도는 폐지되었다(2022. 5. 10. 이후 양도분부터 적용).

◆ 취득일 및 양도일의 판정
- 원칙 : 당해 주택의 대금을 청산한 날
- 대금을 청산하기 전에 소유권 이전등기를 한 경우에는 등기접수일
- 대금을 청산한 날이 분명하지 아니한 경우에는 등기접수일
- ※ 공익사업을 위하여 수용되는 경우에는 대금을 청산한 날, 수용의 개시일 또는 소유권이전 등기접수일 중 빠른 날. 단, 소유권에 관한 소송으로 보상금이 공탁된 경우 소유권 관련 소송 판결 확정일

2) 본등기를 하기 전 가등기한 기간이 있는 경우

가등기한 기간은 보유기간으로 보지 않는다.

3) 동일 세대원 간에 소유권 변동이 있는 경우

세대 전체를 기준으로 2년 이상 보유여부를 판정한다.

4) 주택을 배우자에게 증여한 후 배우자가 양도하는 경우

증여자의 보유기간과 수증자의 보유기간을 합하여 계산한다.

5) 이혼위자료로 주택을 받은 배우자가 그 주택을 양도하는 경우

배우자의 보유기간만 가지고 판단한다.

6) 재산분할청구권으로 취득한 주택의 보유기간

소유권을 이전해 준 다른 이혼자의 당초 부동산 취득일부터 양도일 까지의 기간을 합하여 계산한다.

7) 증여받은 1주택을 이혼 후 양도하는 경우

증여를 받은 날(증여등기 접수일)부터 보유기간을 계산한다.

8) 주택을 상속받은 경우

피상속인의 사망일부터 계산한다. 다만, 동일세대원이던 피상속인으로 부터 상속받은 주택은 피상속인의 취득일부터 계산한다.

9) 거주 또는 보유 중에 소실·무너짐·노후 등으로 인해 멸실되어 재건축한 경우

멸실된 주택과 재건축한 주택의 보유기간을 통산한다(20세대 미만 임의 재건축 공사기간은 포함하지 않는다).

- 주택면적이 증가한 경우: 보유기간 계산과는 무관하다.
- 부수토지 면적이 증가한 경우: 종전 주택의 부수토지 면적을 초과 하는 부분은 신축일로부터 2년이 경과해야 비과세 받을 수 있다.

10) 보유하던 주택이 「도시및주거환경정비법」에 의한 재개발·재건축으로 완공된 경우

종전주택의 보유기간, 공사기간, 재개발·재건축 후의 보유기간을 통산한다(재개발·재건축 공사기간을 포함).

▶ 관련 법규: 「소득세법」 제98조
　　　　　「소득세법 시행령」 제162조, 제154조, 제156조의2

18

부득이한 사유가 있는 때에는 2년 이상 보유하지 않아도 1세대 1주택 비과세 규정을 적용받을 수 있다.

1세대 1주택 비과세 적용을 받기 위해서는 양도일 현재 1세대가 국내에 1채의 주택을 보유하고 있으면서 해당 주택의 보유기간이 2년 이상 되어야 한다.

그러나 다른 지방으로 전근을 가게 되거나 외국으로 이민을 가게 되는 등 부득이한 사유가 있는 경우에는 2년 이상 보유하지 않아도 1세대 1주택 비과세 규정을 적용받을 수 있다.

따라서 아래와 같은 사유가 있어 보유기간 및 거주기간을 채우지 못했는데도 공부상의 보유기간 및 거주기간만을 보고 양도소득세를 고지한 경우에는 그 사유를 입증하여 비과세 받도록 하자.

1) 취학·직장이전·질병 등 부득이한 사유가 있는 경우

1년 이상 거주한 주택을 취학, 근무상의 형편, 질병의 요양, 기타 부득이한 사유로 양도하는 경우에는 2년 이상 보유기간의 제한을 받지 아니한다.

〈보유기간 특례요건〉

- 해당 주택에서 1년 이상 거주할 것
- 세대 전원이 다른 시·군으로 거주 이전할 것
- 양도일 현재 부득이한 사유가 발생할 것
- 부득이한 사유가 다음 중 하나에 해당할 것
  - 교육법에 의한 학교에의 취학(초등학교·중학교는 제외)
  - 직장의 변경이나 전근 등 근무상의 형편
  - 1년 이상의 치료나 요양을 필요로 하는 질병의 치료 또는 요양
  - 「학교폭력예방 및 대책에 관한 법률」에 따른 학교폭력대책자치위원회가 피해학생에게 전학이 필요하다고 인정하는 경우 (강제전학을 가는 가해자는 제외)

부득이한 사유로 주택을 양도하는 경우에도 반드시 1년 이상을 거주한 후에 양도해야 비과세 적용을 받을 수 있으므로 이 점을 특히 유의해야 한다.

2) 해외이주 또는 출국하는 경우

해외이주법에 의한 해외이주로 세대전원이 출국하는 경우와 1년 이상 계속하여 국외거주를 필요로 하는 취학 또는 근무상의 형편으로 세대전원이 출국하는 경우에는 출국일 현재 1주택을 보유하고 있는 경우로서 출국 후 2년 이내에 양도하면 보유기간에 관계없이 비과세 한다.

해외이주신고확인서를 교부받은 경우에는 발행일로부터 1년 내에 출국하면서 출국 전에 다른 주택을 취득하지 않을 조건으로 주택을 양도하는 경우 비과세한다.

3) 건설임대주택을 취득하여 양도하는 경우

「민간임대주택에 관한 특별법」에 따른 민간건설임대주택 또는 「공공주택 특별법」에 따른 공공건설임대주택 또는 공공매입임대주택을 취득하여 양도하는 경우로서 해당 임대주택의 임차일부터 양도일까지의 기간 중 세대전원이 거주(취학 등 부득이한 사유로 세대의 구성원 중 일부가 거주하지 못하더라도 가능)한 기간이 5년 이상인 경우에는 보유기간에 제한없이 비과세 된다.

4) 협의양도 · 수용되는 경우

주택 및 그 부수토지(사업인정고시일 전 취득분에 한함)의 전부 또는 일부가 「공익사업을 위한 토지 등의 취득 및 보상에 관한 법률」에 의한 협의매수 · 수용 및 그 밖의 법률에 의하여 수용되는 경우에는 보유 기간 및 거주기간에 관계없이 양도소득세가 비과세 되며, 협의양도 또는 수용일로부터 5년 이내에 양도하는 잔존주택 및 그 부수토지도 비과세 된다.

5) 재개발·재건축기간 중에 취득한 주택을 양도하는 경우

1세대가 소유한 1주택이 재개발·재건축사업시행으로 사업기간 중에 다른 주택(대체주택)을 취득하여 거주하다가 재개발·재건축 완공된 주택으로 이사하게 되어 대체주택을 양도하는 경우 아래 요건을 모두 충족하면 그 보유기간의 제한을 받지 아니하고 비과세 받을 수 있다.

- 사업시행인가일 이후 대체주택을 취득하고 1년 이상 거주
- 재개발·재건축주택 완공 전 또는 완공 후 3년 이내에 대체주택 양도
- 완공 후 3년 이내 재개발·재건축주택으로 세대전원이 이사하고 1년 이상 계속하여 거주(다만, 취학, 근무상 형편, 질병요양 등의 경우는 세대원 일부가 이사하지 않더라도 가능)

> ▶ 관련 법규: 「소득세법」 제89조,
> 　　　　　　「소득세법 시행령」 제154조, 제156조의2

19 1세대 2주택이라도 일정기간 안에 1주택을 팔면 양도소득세가 비과세 되는 경우가 있다.

1세대가 국내에 2주택을 소유하고 있는 경우 먼저 양도하는 주택에 대하여는 양도소득세가 과세되는 것이 원칙이다.

그러나 다음과 같은 경우 일정한 기간 내에 양도하는 주택에 대하여는 양도소득세를 비과세하고 있으므로 이를 잘 활용하면 세금을 절약할 수 있다.

1) 1세대가 일시적으로 2주택을 보유하게 될 때

① 일반적인 경우

1주택을 소유한 1세대가 그 주택을 양도하기 전에 새로운 주택을 취득함으로써 일시적으로 2주택이 된 경우 아래의 요건을 모두 갖추어 종전의 주택을 양도하면 1세대 1주택으로 보아 양도소득세를 비과세한다.

〈비과세 요건〉
- 종전의 주택을 취득한 날부터 1년 이상이 지난 후 새로운 주택을 취득할 것
- 새로운 주택을 취득한날부터 3년 이내에 종전 주택을 양도할 것
- 양도일 현재 1세대 1주택 비과세 요건을 갖출 것

② 지방이전 공공기관과 기업의 종업원인 경우

수도권 소재 공공기관 또는 법인이 수도권 외의 지역으로 이전하여 당해 공공기관 및 법인의 종사자가 이전한 지역(시 · 군) 또는 연접한 지역의 주택을 취득함으로써 일시적으로 2주택이 된 경우에는 아래의 요건을 모두 갖추어 종전의 주택(수도권에 1주택을 소유한

경우에 한정함)을 양도하면 1세대 1주택으로 보아 양도소득세를
비과세한다.

〈비과세 요건〉
- 새로운 주택을 취득한 날부터 5년 이내에 종전 주택을 양도할 것. 이 경우 "종전의 주택을 취득한 날부터 1년 이상이 지난 후 새로운 주택 취득" 요건을 적용하지 않음
- 양도하는 주택이 양도일 현재 1세대 1주택 비과세 요건을 갖출 것

2) 상속을 받아 2주택을 보유하게 될 때

① 일반주택을 양도하는 경우

- 상속개시 당시 별도세대로부터 상속받은 주택(조합원입주권 또는 분양권을 상속받아 사업시행 완료 후 취득한 신축주택 포함)과 일반주택(상속개시 당시 보유한 주택 또는 상속개시 당시 보유한 조합원입주권이나 분양권에 의하여 사업시행 완료 후 취득한 신축주택만 해당)을 국내에 각각 1채씩 소유하고 있는 1세대가 양도하는 일반주택이 비과세 요건을 갖추었다면 양도소득세를 과세하지 않는다.

- 피상속인(사망한 사람)이 상속개시 당시 두 개 이상의 주택을 소유한 경우에는 피상속인을 기준으로 아래 a > b > c > d 순위에 따른 1주택에 대해서만 상속주택 특례가 적용된다.

  a. 피상속인이 소유한 기간이 가장 긴 1주택
  b. a가 같은 주택이 2채 이상일 경우에는 피상속인이 거주한 기간이 가장 긴 1주택
  c. a와 b가 모두 같은 주택이 2채 이상일 경우에는 피상속인이 상속개시 당시 거주한 1주택
  d. 피상속인이 거주한 사실이 없고, a가 같은 주택이 2채 이상일

경우에는 기준시가가 가장 높은 1주택(기준시가가 같은 경우에는 상속인이 선택하는 1주택)

- 공동상속주택(2채 이상일 경우, 위 a > b > c > d의 순위에 따른 1주택을 말함) 외 다른 주택을 양도할 때에는 해당 공동상속주택은 상속지분이 가장 큰 상속인의 소유로 보며 상속지분이 가장 큰 상속인이 2인 이상인 경우에는 아래 e > f 순위에 따라 해당 공동상속주택을 소유한 것으로 본다.
  e. 당해 주택에 거주하는 자
  f. 최연장자

② 상속받은 주택을 먼저 양도하는 경우

그러나 상속받은 주택을 먼저 양도하는 경우에는 양도소득세가 과세된다. 다만, 상속받은 주택이라도 일반주택과 마찬가지로 양도 당시 1세대 1주택 비과세 요건을 갖춘 경우에는 양도소득세가 과세되지 않는다.

3) 노부모를 모시기 위해 세대를 합침으로써 2주택을 보유하게 될 때

1주택을 보유한 1세대가 1주택을 보유하고 있는 60세 이상의 직계존속(배우자의 직계존속을 포함)을 모시기 위해 세대를 합침으로써 1세대가 2주택을 보유하게 된 경우, 세대를 합친 날부터 10년 이내에 먼저 양도하는 주택에 대하여는 양도소득세를 비과세한다.

〈비과세 요건〉
- 양도하는 주택이 양도일 현재 1세대 1주택 비과세 요건을 갖출 것
- 세대를 합친 날부터 10년 이내에 양도할 것
- 노부모(직계존속 중 어느 한 사람이 60세 이상)를 봉양할 것
- 암·희귀성 질환 등 중대한 질병 등이 발생한 60세 미만의 직계존속과 합가

4) 혼인으로 2주택을 보유하게 될 때

1주택을 보유하는 자가 1주택을 보유하는 자와 혼인함으로써 1세대가 2채의 주택을 보유하게 된 경우 또는 1주택을 보유하는 자가 1주택을 보유한 직계존속(60세 이상)과 거주 중인 무주택자와 혼인하여 1세대가 2채의 주택을 보유하게 된 경우 혼인한 날부터 5년 이내에 먼저 양도하는 비과세 요건을 갖춘 주택에 대하여는 양도소득세를 비과세한다.

〈비과세 요건〉
- 양도하는 주택이 양도일 현재 1세대 1주택 비과세 요건을 갖출 것
- 혼인한 날부터 5년 이내에 양도할 것

5) 농어촌주택 등을 소유함으로써 2주택을 보유하게 될 때

1주택(일반주택)을 소유한 자가 아래의 농어촌주택 등을 취득하여 1세대 2주택이 된 상태에서 일반주택을 양도할 때에 이를 1세대 1주택으로 보아 주택의 비과세 규정을 적용한다.

① 농어촌주택 등(「조세특례제한법」제99조의4)
1세대가 2003년 8월 1일(고향주택은 2009년 1월 1일)부터 2025년 12월 31일 기간 중에 농어촌주택 등을 취득하여 3년 이상 보유하고 그 농어촌주택 취득 전에 보유하던 일반주택을 양도할 때에는 그 농어촌주택 등은 해당 1세대의 소유주택이 아닌 것으로 보아 주택의 비과세 규정을 적용한다.

〈농어촌 주택〉
– 소재: 읍·면 또는 인구 20만 이하의 시의 동*
  *인구 20만 이하인 시의 동은 2016년 1월 1일 이후 양도분부터 적용
- 수도권, 도시지역, 토지거래 허가구역, 조정대상지역, 관광단지 등은 제외

- 일반주택과 행정구역 상 같은 읍·면 또는 연접한 읍·면은 제외
  - 주택가격 : 취득 시 기준시가 3억 원(한옥은 4억 원) 이하

〈고향주택〉
  - 소재 : 인구 20만 이하의 시인 고향
- 수도권, 조정대상지역, 관광단지 등은 제외
- 일반주택과 행정구역 상 같은 시 또는 연접한 시는 제외
  - 주택가격 : 취득 시 기준시가 3억 원(한옥은 4억 원) 이하

농어촌주택 등의 3년 이상 보유 요건을 충족하기 전에 일반주택을 양도해도 비과세가 적용되나, 이때는 농어촌주택 등을 3년 이상 보유하여야 한다. 농어촌주택 등을 3년 이상 미보유한 경우에는 양도소득세가 추징된다.

〈인구 20만 이하인 시〉
고향주택 소재 지역 범위(제99조의4 제2항 관련) [「조특법 시행령」 별표12]

구 분	시(26개)
충북	제천시
충남	계룡시, 공주시, 논산시, 보령시, 당진시, 서산시
강원	동해시, 삼척시, 속초시, 태백시
전북	김제시, 남원시, 정읍시
전남	광양시, 나주시
경북	김천시, 문경시, 상주시, 안동시, 영주시, 영천시
경남	밀양시, 사천시, 통영시
제주	서귀포시

※ 비고 : 위 표는 「통계법」 제18조에 따라 통계청장이 통계작성에 관하여 승인한 주민등록인구 현황(2015년 12월 주민등록인구 기준)을 기준으로 인구 20만 명 이하의 시를 열거한 것임

② 농어촌주택(「소득세법 시행령」제155조제7항)

　주택(일반주택)을 소유한 1세대가 서울, 인천, 경기도를 제외한 읍(도시지역 안의 지역은 제외) 또는 면 지역에 소재한 농어촌주택을 보유하여 1세대 2주택이 된 경우에 일반주택을 양도할 때(귀농주택은 그 취득한 날부터 5년 이내에 일반주택을 양도하는 경우에 한하여 적용) 주택의 비과세 규정을 적용한다.

🔍 Guide 　농어촌 주택

- 상속주택: 피상속인이 취득 후 5년 이상 거주한 사실이 있는 주택
- 이농주택: 농업 또는 어업에 종사하던 자(배우자 포함)가 전업으로 인하여 다른 시·구·읍·면으로 전출함으로써 거주하지 못하게 되는 주택으로 이농인이 취득 후 5년 이상 거주한 사실이 있는 주택
- 귀농주택: 농업 또는 어업에 종사하고자 하는 자(배우자 포함)가 취득(귀농 이전 취득 포함)하여 거주하는 다음의 요건을 갖춘 주택을 말하며, 귀농주택 소유자는 귀농일부터 계속하여 3년 이상 농업·어업에 종사하여야 하고 같은 기간에 세대전원도 함께 이사(취학, 근무상의 형편, 질병의 요양, 그 밖의 부득이한 사유로 세대의 구성원 중 일부가 이사하지 못하는 경우 포함)하여 거주해야 함
  a. 고가주택(취득 당시 실지거래가액 12억 원 초과)에 해당하지 아니할 것
  b. 대지면적 660㎡ 이내일 것
  c. 1,000㎡ 이상의 농지를 소유한 자 또는 배우자가 해당 농지 소재지에 있는 주택을 취득하거나, 1,000㎡ 이상의 농지를 소유하기 전 1년 이내에 해당 농지 소재지에 있는 주택을 취득하는 것일 것

　귀농으로 인하여 세대전원이 농어촌주택으로 이사하는 경우 귀농 후 최초로 양도하는 1개의 일반주택에 한하여 위 비과세 특례가 적용되며 그 이후 새로이 취득한 일반주택은 적용되지 않는다.

▶ 관련 법규: 「소득세법 시행령」 제154조, 제155조
　　　　　　 「조세특례제한법」 제99조의 4

20 등기를 하지 않고 양도하면 다음과 같은 불이익을 받는다.

부동산을 취득한 자가 그자산의 취득에 관한 등기를 하지 아니하고 양도(미등기양도)하면 다음과 같은 불이익을 받는다.

1) 양도소득세 비과세 및 감면 혜택을 받지 못한다.

부동산을 미등기로 양도하면 1세대 1주택에 대한 양도소득세 비과세, 기타 조세특례제한법상의 각종 감면혜택을 받지 못한다.

2) 양도소득기본공제를 받지 못한다.

양도소득세를 계산할 때는 모든 사람에게 다음의 각 자산별로 각각 연 250만 원씩을 공제해 주나 미등기 양도자산에 해당되는 경우에는 공제를 받지 못한다.

- 부동산·부동산에 관한 권리 및 기타자산
- 주식 및 출자지분
- 파생상품
- 신탁수익권

3) 70%의 높은 세율이 적용된다.

양도소득세 세율은 2년 이상 보유한 자산의 경우 양도소득의 크기에 따라 6%(비사업용 토지 16%)에서 45%(비사업용 토지 55%)의 세율이 적용되나, 미등기 양도자산에 대하여는 70%의 매우 높은 세율이 적용된다.

등기를 하지 않고 자산을 양도하면 양도소득세 신고기한의 다음날부터 10년 이내에는 언제든지 양도소득세를 부과할 수 있다.

따라서 위 기간 내에 등기상의 양도자 또는 취득자에 대하여 양도소득세 조사를 하거나 기타의 사유로 미등기 양도 사실이 밝혀지면 무거운 세금을 물게 되므로 미등기 전매 행위는 절대로 하지 않는 것이 좋다.

Q Guide — 미등기 양도 제외 자산

▶ 다음에 해당하는 자산을 양도하는 경우에는 미등기 양도로 보지 아니한다.

- 장기할부조건으로 취득한 자산으로서 그 계약조건에 의하여 양도 당시 그 자산의 취득에 관한 등기가 불가능한 자산
- 법률의 규정 또는 법원의 결정에 의하여 양도 당시 그 자산의 취득에 관한 등기가 불가능한 자산
- 양도소득세가 감면되는 8년 이상 자경농지 및 대토하는 농지와 비과세대상인 교환·분합하는 농지
- 비과세대상인 1세대 1주택으로서 건축법에 의한 건축 허가를 받지 아니하여 등기가 불가능한 자산

▶ 관련 법규: 「소득세법」 제91조, 제95조, 제103조, 제104조
　　　　　　「소득세법 시행령」 제168조

21 재개발·재건축사업과 양도소득세

● 사업추진절차

재개발·재건축사업은 다음의 절차에 따라 사업이 시행된다.

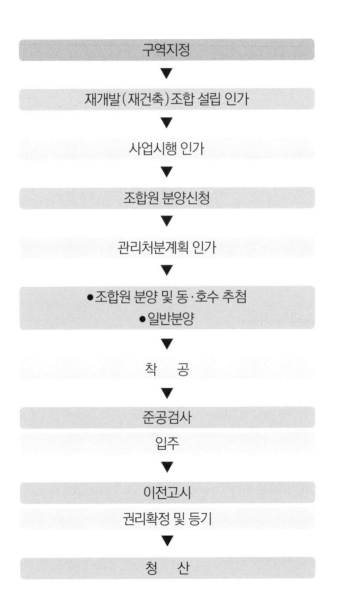

구역지정
▼
재개발(재건축)조합 설립 인가
▼
사업시행 인가
▼
조합원 분양신청
▼
관리처분계획 인가
▼
●조합원 분양 및 동·호수 추첨
●일반분양
▼
착 공
▼
준공검사
입주
▼
이전고시
권리확정 및 등기
▼
청 산

● 관리처분계획

종전의 토지 또는 건물에 대한 권리를 새로 건설하는 대지와 건축물에 대한 권리로 변환시키는 계획으로서 주택 등의 분양과 주민의 비용부담을 확정하는 절차를 말하며, 사업시행자가 관리처분계획에 대한 시장·군수의 인가를 받아야만 기존 건축물의 철거를 할 수 있다.

● 재개발·재건축 사업과 세금

1) 주택의 보유기간 계산

보유하던 주택이 「도시 및 주거환경정비법」에 따른 재개발사업 또는 재건축사업, 「빈집 및 소규모주택 정비에 관한 특례법」에 따른 자율주택정비사업, 가로주택정비사업, 소규모재건축사업 또는 소규모재개발사업으로 완공된 경우 보유기간은 종전주택의 보유기간, 재개발·재건축 등 공사기간, 완공주택의 보유기간을 통산한다.

2) 양도소득세 과세 여부

재개발·재건축 구역 내의 토지 등을 사업시행자에게 양도하고, 그 대가로 「도시 및 주거환경정비법」에 따른 관리처분계획인가(「빈집 및 소규모주택 정비에 관한 특례법」에 따른 사업시행계획인가)에 따라 취득한 토지 또는 건축시설은 '환지'로 보므로 양도소득세 과세대상이 아니다.

- 다만, 청산금을 교부받는 부분은 토지가 유상으로 이전되는 것이므로 양도소득세가 과세된다.

3) 조합원입주권의 양도
- **조합원입주권의 취득시기**

– 재개발·재건축 등으로 인하여 조합원이 취득한 입주권은 부동산을 취득할 수 있는 권리에 해당되며, 당해 조합원입주권의 취득시기는 부동산을 분양받을 수 있는 권리가 확정되는 날인 관리처분계획의 인가일(사업시행계획 인가일)을 말한다.

– 다만, 주택 재건축사업의 경우 2005년 5월 31일 전에 사업시행인가를 받은 경우에는 사업시행인가일이 입주권의 취득시기가 된다.

• 비과세되는 조합원입주권

– 1세대 1주택자인 원 조합원이 재개발·재건축 등으로 취득한 조합원입주권을 양도하는 경우로서 종전주택이 관리처분계획 인가일(사업시행계획 인가일)과 주택의 철거일 중 빠른 날 현재 비과세 요건을 충족하고 다음의 어느 하나에 해당되는 경우에는 부동산을 취득할 수 있는 권리임에도 불구하고 양도소득세가 비과세 된다.

① 양도일 현재 다른 주택 또는 분양권이 없는 경우

② 양도일 현재 당해 조합원입주권 외에 1주택을 소유한 경우 (분양권을 보유하지 아니하는 경우로 한정)로서 주택을 취득한 날부터 3년 이내에 조합원입주권을 양도하는 경우

4) 조합원입주권 또는 분양권을 소유한 상태에서 양도하는 주택은 비과세 제외

• 1세대가 주택과 조합원입주권(승계취득 포함) 또는 분양권(2021년 1월 1일 이후 취득한 분양권부터 적용)을 보유하다가 그 주택을 양도하는 경우에 이는 1세대 1주택 비과세가 되지 않는다.

• 다만, 1세대 1주택자가 조합원입주권 또는 분양권을 취득하여 주택을 양도하는 경우 다음 각 요건 충족 시 1세대 1주택 비과세 적용을 받을 수 있다.

▶ **주택을 조합원입주권 취득일로부터 3년 이내 양도하고 아래 요건을 모두 충족하는 경우**

① 종전주택을 취득한 날부터 1년 이상이 지난 후 조합원입주권 취득

② 조합원입주권을 취득한 날부터 3년 이내에 종전주택 양도

③ 종전주택은 1세대 1주택 비과세 요건(2년 이상 보유, 양도가액 12억 원 이하)을 충족할 것

▶ **주택을 조합원입주권 취득일로부터 3년이 지나서 양도 시 아래 요건을 모두 충족하는 경우**

① 종전주택을 취득한 날부터 1년 이상이 지난 후 조합원입주권 취득 (2022년 2월 15일 이후 취득하는 조합원입주권부터 적용)

② 재개발·재건축 주택이 완성된 후 3년 이내 재개발·재건축주택으로 세대전원이 이사하여 1년 이상 계속 거주할 것

③ 재개발·재건축주택이 완성되기 전 또는 완성된 후 3년 이내 종전주택 양도

④ 종전주택은 1세대 1주택 비과세 요건(2년 이상 보유, 양도가액 12억 원 이하)을 충족할 것

▶ **1세대 소유의 1주택이 조합원입주권으로 전환되어 재개발·재건축 사업시행기간 중 주거용으로 취득한 주택(대체주택)을 양도하고 아래 요건을 모두 충족하는 경우**

① 사업시행인가일 이후 대체주택을 취득하고 1년 이상 거주

② 재개발·재건축주택이 완성된 후 3년 이내에 재개발·재건축주택으로 세대전원이 이사(다만, 취학, 근무상 형편, 질병 요양, 그 밖의 부득이한 사유로 세대원 일부가 이사하지 못하는 경우 포함)하고 1년 이상 계속 거주

③ 재개발·재건축주택이 완성되기 전 또는 완성된 후 3년 이내에 대체주택 양도

🔍 Guide 분양권을 보유하고 주택 양도 시 비과세

◈ 분양권이란 「주택법」 등에서 정하는 법률에 따른 주택에 대한 공급계약을 통하여 주택을 공급받는 자로 선정된 지위(해당 지위를 매매 또는 증여 등의 방법으로 취득한 것 포함)
  • 2021년 1월 1일 이후 취득하는 분양권부터 적용

▶ **주택을 분양권 취득일로부터 3년 이내에 양도하고 아래 요건을 모두 충족하는 경우**
  ① 종전주택을 취득한 날부터 1년 이상이 지난 후 분양권 취득
  ② 분양권을 취득한 날부터 3년 이내에 종전주택 양도
  ③ 종전주택은 1세대 1주택 비과세 요건(2년 이상 보유, 양도가액 12억 원 이하)을 충족할 것

▶ **주택을 분양권 취득일로부터 3년이 지나서 양도 시 아래 요건을 모두 충족하는 경우**
  ① 종전주택을 취득한 날부터 1년 이상이 지난 후 분양권 취득
   (2022년 2월 15일 이후 취득하는 분양권부터 적용)
  ② 분양권에 따라 취득하는 주택이 완성된 후 3년 이내 그 주택으로 세대전원이 이사하여 1년 이상 계속 거주할 것
  ③ 분양권에 따라 취득하는 주택이 완성되기 전 또는 완성된 후 3년 이내 종전주택 양도
  ④ 종전주택은 1세대 1주택 비과세 요건(2년 이상 보유, 양도가액 12억 원 이하)을 충족할 것

▶ 관련 법규: 「소득세법」 제89조
    「소득세법 시행령」 제156조의2, 제156조의3

22 1세대 1주택을 부득이 2년을 채우지 못하고 파는 경우에는 잔금청산일 또는 등기이전일을 고려하자.

1세대 1주택자가 2년 이상 보유한 주택을 양도하는 경우에는 양도소득세가 비과세 된다.

그러나 사회생활을 하다 보면 위와 같은 사실을 알고 있으면서도 부득이하게 2년 내에 집을 팔아야 하거나 빚으로 넘겨주어야 하는 때가 있다. 이런 경우 자포자기하여 아무런 생각 없이 소유권을 이전해 주면 나중에 양도소득세 때문에 더욱 곤란을 겪게 될 수 있다.

세법에서는 다음과 같은 때를 양도시기로 정하고 있으므로 이를 잘 활용하면 양도소득세를 절세할 수 있다.

- 대금청산일이 분명한 경우에는 잔금청산일
- 대금청산일이 분명하지 아니한 경우에는 소유권이전 등기접수일
- 대금청산 전에 소유권이전 등기를 한 경우에는 등기접수일

※ 공익사업을 위하여 수용되는 경우에는 대금을 청산한 날, 수용의 개시일 또는 소유권이전 등기접수일 중 빠른 날. 단, 소유권에 관한 소송으로 보상금이 공탁된 경우에는 소유권 관련 소송 판결 확정일

통상적으로 부동산을 사고 파는 경우 매도자와 매수자는 매매 계약을 체결한 후 바로 매매대금 전액을 주고받는 것이 아니라 계약체결 시에 계약금을 일부 지급하고 이후 중도금을 거쳐 마지막으로 매수자는 잔금을, 매도자는 매매거래용 인감증명서를 서로 주고받기 때문에 계약체결시점에서 실지 파는 시점(잔금을 청산하거나 등기이전일)까지는 어느 정도의 기간이 소요된다.

따라서 보유기간 2년을 채우기 전에 매매계약을 체결한 경우에는 2년을 채우기 위한 나머지 기간이 많이 남아 있다면 어려움이 있겠지만, 기간이 몇 달 남지 않은 경우에는 잔금지급일자를 조절하는 방법으로 양도소득세를 비과세 받을 수 있다.

> ▶ 관련 법규: 「소득세법 시행령」 제162조

23 조정대상지역에 소재하는 주택을 보유하고 있다면 주의하자.

1세대가 2년 이상 보유한 주택 1채만 소유하고 있더라도 해당 주택이 취득 당시 조정대상지역 안에 있다면 보유기간 중 2년 이상 거주한 뒤 팔아야 비과세 규정을 적용받을 수 있다.

만약, 1세대가 다주택 상태에서 조정대상지역에 있는 주택을 팔게 되면 양도소득세 중과세율(2주택자는 기본세율에 10%p → 2021년 6월 1일 이후 20%p 가산, 3주택 이상자는 기본세율에 20%p → 2021년 6월 1일 이후 30%p 가산)이 적용되고 장기보유특별공제가 배제되므로, 가능하다면 비조정대상지역에 있는 다른 주택을 먼저 팔고 난 뒤 조정대상지역에 있는 주택을 팔아야 절세할 수 있다.

또한, 2022년 5월 10일부터 2024년 5월 9일까지 다주택자 중과가 한시 배제되므로 이 기간에 주택을 팔 경우 절세할 수 있다.

1) 조정대상지역의 주택을 팔더라도 2년 이상 거주할 필요가 없는 경우가 있다.

🔍 Guide 2년 이상 거주요건 예외사유

- 조정대상지역 지정일(2017년 8월 2일) 이전 취득한 주택
- 조정대상지역 지정일(2017년 8월 2일) 이전 매매계약 체결 및 계약금을 지급한 경우로서 계약금 지급일 현재 주택을 보유하지 아니하는 경우
- 2019년 12월 16일 이전에 등록(세무서 및 시·군·구)한 임대주택으로 임대의무기간 충족한 주택(2019년 12월 17일 이후 임대주택으로 등록한 경우에는 거주요건 적용)

2) 다주택(주택과 조합원입주권 또는 분양권 포함)을 소유하고 있더라도
   아래 주택을 양도할 때는 중과세율을 적용하지 않는다.

Guide

3주택(조합원입주권·분양권 포함) 이상	2주택(조합원입주권·분양권 포함) 이상
① 수도권·광역시·특별자치시(세종시) 외 지역의 양도 당시 기준시가 3억 원 이하 주택	① 3주택 이상자의 중과제외 대상 주택(①~⑧)
② 장기일반민간임대주택 등으로 등록하여 10년(2018년 3월 31일까지 등록한 경우 5년, 2018년 4월 1일 ~ 2020년 8월 17일 등록한 경우 8년) 이상 임대한 주택으로서, 일정요건을 충족하는 경우	② 취학, 근무상 형편, 질병요양 등의 사유로 취득한 수도권 밖 주택 및 다른 시·군에 소재하는 주택으로서, 일정요건을 충족하는 경우
③ 조세특례제한법상 감면대상 주택 (§77, §97, §97의2, §98~§98의3, §98의5~§98의8, §99~§99의3)	③ 소송 진행 중이거나 소송결과에 따라 취득한 주택(확정판결일로부터 3년 이내 양도)
④ 10년 이상 무상 제공한 장기사원용 주택	④ 양도 당시 기준시가가 1억원 이하인 주택(「도시 및 주거환경정비법」상 정비구역 내 주택은 제외)
⑤ 5년 이상 운영한 어린이집 등	⑤ 상기 ①~③에 해당하는 주택 외에 1주택만을 소유하는 경우의 해당 주택
⑥ 상속받은 주택(5년 이내 양도)	⑥ 조정대상지역 공고 전 매매계약을 하고 계약금을 받은 사실이 증빙서류에 의해 확인되는 주택
⑦ 문화재주택	⑦ 2년 이상 보유한 주택으로 2022년 5월 10일 ~ 2024년 5월 9일 양도하는 주택
⑧ 저당권 실행 또는 채권변제를 위해 취득한 주택(3년 이내 양도)	⑧ 소득세법 시행령 제155조, 제156조의2, 제156조의3 및 조세특례제한법에 따라 1세대 1주택으로 보는 주택으로서 비과세 요건을 모두 충족하는 주택(12억 원 초과분 양도차익 중과배제)
⑨ 상기 각 주택 외에 1주택만을 소유하는 경우의 해당 주택	⑨ 2024년 1월 10일 ~ 2025년 12월 31일까지 취득한 소형 신축주택, 준공 후 미분양 주택
⑩ 조정대상지역 공고 전 매매계약을 하고 계약금을 받은 사실이 증빙서류에 의해 확인되는 주택	
⑪ 2년 이상 보유한 주택으로 2022년 5월 10일 ~ 2024년 5월 9일 양도하는 주택	
⑫ 「소득세법 시행령」 제155조, 제156조의2, 제156조의3 및 조세특례제한법에 따라 1세대 1주택으로 보는 주택으로서 비과세 요건을 모두 충족하는 주택(12억 원 초과분 양도차익 중과배제)	
⑬ 2024년 1월 10일 ~ 2025년 12월 31일까지 취득한 소형 신축주택, 준공 후 미분양 주택	

24 부동산을 양도할 경우 보유기간에 따라 세부담에 차이가 있다.

양도소득세의 부담을 줄이기 위해서는 양도하는 부동산의 보유기간을 조절하는 것이 좋다.

왜냐하면 보유기간이 2년 이상이면 양도소득이 많고 적음에 따라 최소 6%(26%)에서 최대 45%(65%)[2020년 12월 31일 이전 42%(62%)]까지의 누진세율이 적용되지만, 2년 미만이면 양도하는 부동산이 주택(부수토지 포함)인지 아닌지에 따라 아래 표와 같이 납부해야 할 세액에서 많은 차이가 나기 때문이다.

(2018년 1월 1일 이후 양도)   (단위: 천 원, %)

보유기간	1년 이상 ~ 2년 미만					1년 미만				
부동산 종류	주택(○) 2021년 5월 31일 까지	주택(○) 2021년 6월 1일 부터	주택(×)	비사업용토지2)		주택(○) 2021년 5월 31일 까지	주택(○) 2021년 6월 1일 부터	주택(×)	비사업용토지3)	
세율구분	누진	단일	단일	단일	누진	단일	단일	단일	단일	누진
소득금액	100,000	100,000	100,000	100,000	100,000	100,000	100,000	100,000	100,000	100,000
기본공제	2,500	2,500	2,500	2,500	2,500	2,500	2,500	2,500	2,500	2,500
과세표준	97,500	97,500	97,500	97,500	97,500	97,500	97,500	97,500	97,500	97,500
세율1)	35%	60%	40%	40%	45%	40%	70%	50%	50%	45%
누진공제	14,900	–	–	–	14,900	–	–	–	–	14,900
산출세액	19,225	58,500	39,000	39,000	28,975	39,000	68,250	48,750	48,750	28,975

1) 2021년 5월 31일 이전 양도하는 경우 1년 이상 2년 미만 보유주택은 6% ~ 45%의 일반세율이 적용되지만, 그 외의 2년 미만 보유한 부동산에 대해서는 40% or 50%의 단일세율을 적용하고, 하나의 자산이 둘 이상의 세율에 해당할 때에는 해당 세율로 계산한 산출세액 중 큰 것 적용

2) 산출세액이 39,000천 원 > 28,975천 원이므로 공제(감면), 가산세가 없다면 납부할 세액은 39,000천 원

3) 산출세액이 48,750천 원 > 28,975천 원이므로 공제(감면), 가산세가 없다면 납부할 세액은 48,750천 원

양도시기는 잔금청산일로 하되 잔금청산일이 불분명하거나 잔금을 청산하기 전에 소유권이전 등기를 하는 경우에는 소유권이전 등기접수일을 양도일로 보므로, 잔금청산 약정일 기준으로 보유기간이 2년 또는 1년 미만인 경우에는 실지 잔금청산일을 2년 또는 1년이 지난 후로 하고 등기 또한 2년 또는 1년이 지난 후에 이전해 주면 된다.

따라서 부동산을 취득한 후 부득이 1~2년 이내에 양도해야 하는 경우에도 보유기간이 1년 또는 2년이 지나도록 양도시기를 조절하면 세금을 크게 절약할 수 있다.

⟨양도소득세 세율⟩

자산	구분		2017년 1월 1일 ~	2018년 1월 1일~	2018년 4월 1일~	2021년 6월 1일~
토지·건물, 부동산에 관한 권리	보유 기간	1년 미만	50% [1), 2)]			
		2년 미만	40% [1), 3)]			
		2년 이상	기본세율			
	분양권		기본세율		50% [4)] (조정대상지역 내)	1년 미만 70% 1년 이상 60% (조정대상지역 구분없음)
	1세대 2주택 [7)] (조합원입주권 포함)		기본세율		기본세율 (조정대상지역은 10% 가산)	기본세율 (조정대상지역은 20% 가산)
	1세대 3주택 [7)] 이상 (조합원입주권 포함)		보유기간별 세율 (단, 지정지역 [5)]은 10% 가산)		기본세율 (조정대상지역은 20% 가산)	기본세율 (조정대상지역은 30% 가산)
	비사업용 토지		기본세율 +10%	기본세율 +10% [6)]		
	미등기양도자산		70%			

1) 하나의 자산이 둘 이상에 해당될 때에는 해당 세율을 적용하여 계산한 산출세액 중 큰 것으로 함
2) 주택과 조합원입주권은 40%(2021년 6월 1일 이후 70%)

3) 주택과 조합원입주권은 기본세율(2021년 6월 1일 이후 60%)
4) 무주택세대로서 양도 당시 다른 분양권이 없고 30세 이상(30세 미만으로서 배우자가 있거나 배우자가 사망·이혼한 경우 포함)인 경우 및 조정대상지역 공고 전 매매계약하고 계약금을 받은 사실이 증빙서류에 의해 확인되는 경우 기본세율 적용(2018년 8월 28일 이후 양도분부터)
5) 2017년 8월 3일부터 2018년 3월 31일까지의 양도분만 10% 가산됨
6) 지정지역 내 비사업용토지는 추가 10% 가산되나, 2023년 3월 현재 지정지역 없음
7) 2021년 1월 1일 이후 취득한 분양권부터 주택 수에 분양권도 포함

〈소득세법 기본세율〉

2021~2022년			2023년		
과세표준	기본세율	누진공제	과세표준	기본세율	누진공제
1,200만 원 이하	6%	–	1,400만 원 이하	6%	–
4,600만 원 이하	15%	108만 원	5,000만 원 이하	15%	126만 원
8,800만 원 이하	24%	522만 원	8,800만 원 이하	24%	576만 원
1.5억 원 이하	35%	1,490만 원	1.5억 원 이하	35%	1,544만 원
3억 원 이하	38%	1,940만 원	3억 원 이하	38%	1,994만 원
5억 원 이하	40%	2,540만 원	5억 원 이하	40%	2,594만 원
10억 원 이하	42%	3,540만 원	10억 원 이하	42%	3,594만 원
10억 원 초과	45%	6,540만 원	10억 원 초과	45%	6,594만 원

〈세율적용 방법〉

① 하나의 자산이 둘 이상의 세율에 해당할 때에는 각각의 세율을 적용한 산출세액 중 큰 세액을 납부하는 것입니다.

예) 1년 2개월 보유한 비사업용토지를 2021년 중 양도할 때 납부할 세액
  ☞ a, b 중 큰 금액인 20,000,000 원이 납부할 세액입니다.

비교	과세표준	세율	누진공제	산출세액
a.	50,000,000	40% (2년 미만)	–	20,000,000
b.	50,000,000	34% (비사업용토지)	5,220,000	11,780,000

② 1과세기간에 2개 이상의 자산을 양도할 때에는 과세표준의 합계액에 일반세율 적용한 세액과 각 자산별 세율을 적용한 산출세액의 합계액 중 큰 세액을 납부하는 것입니다.

예) 2년 이상 보유한 비사업용토지와 비사업용토지가 아닌 자산을 2024년 중 양도할 때 납부할 세액

☞ a, b 중 큰 금액인 216,600,000 원이 납부할 세액입니다.

비교	구분	과세표준	세율	누진공제	산출세액
a	과세표준 합계	600,000,000	42%	35,400,000	216,600,000
b	산출세액 합계				205,200,000
	비사업용토지	110,000,000	45%	14,900,000	34,600,000
	비사업용아님	490,000,000	40%	25,400,000	170,600,000

▶ 관련 법규: 「소득세법」 제104조, 제55조
　　　　　　「소득세법 시행령」 제162조

25

두 건 이상의 부동산을 양도하는 경우 양도시기를 조절하면 세부담을 줄일 수 있다.

국 세 청

1주택을 양도하고 같은 연도 말 다른 1주택을 양도하여 1년 내에 2주택을 양도하는 경우 합산하여 신고납부하여야 하므로, 누진세율 체계에서는 고율의 누진세율과 1회(250만 원)의 기본공제만을 적용받게 된다. 반면에 1주택을 양도하고 다른 1주택을 다음 연도에 양도하면 보다 낮은 누진세율 적용과 2회(500만 원)의 기본공제를 적용받게 되어 세금부담을 줄일 수 있다.

▶ 관련 법규:「소득세법」제103조

26 부동산 양도 시 취득가액 확인이 되지 않는 경우 가급적 기준시가 고시일 전에 양도하는 것이 유리하다.

부동산을 양도하는 경우 취득가액이 확인되지 않으면 양도당시의 기준시가와 취득당시의 기준시가를 비교, 환산하는 방법을 통해 취득가액을 산정할 수 있다. 이 경우 기준시가가 매년 상승한다고 전제할 경우 새로운 기준시가(공시지가나 개별주택가격 등)가 고시되기 전에 부동산을 양도하면 취득가액이 높게 산정되어 세부담을 줄일 수 있다.

예를 들어 2021년도에 보유중인 토지를 5,000만 원에 양도하는 경우 취득가액이 확인되지 않아 취득가액을 환산취득가액*으로 계산하는 경우 양도일자가 2021년 6월인 경우에는 취득가액 계산시 2021년 5월 31일 공시지가를 적용하지만, 양도일자를 조금 더 앞당겨서 2021년 5월 15일에 양도하는 경우에는 2020년 5월 31일 공시지가를 적용하여 환산취득가액을 계산하므로 기준시가가 공시되기 전으로 양도시기를 앞당기면 양도가액에서 차감하는 취득가액이 늘어나게 되어 세부담이 줄어들게 된다.

＊ (환산) 취득가액 = 양도가액 × 취득당시 기준시가 / 양도당시 기준시가

▶ 관련 법규: 「소득세법 시행령」 제176조의2

27 장기보유특별공제 적용대상을 숙지하여 적극 활용하자.

'장기보유특별공제액'이란 양도소득세를 계산할 때 자산의 양도차익에 해당 자산의 보유기간 및 거주기간별 공제율을 곱하여 계산한 금액을 말하고, 이 금액은 해당 자산의 양도차익에서 뺀다. 따라서 장기보유특별공제액 만큼 세부담이 줄어들게 된다.

장기보유특별공제의 대상이 되는 자산은 보유기간이 3년 이상인 토지 또는 건물(미등기 양도자산 제외) 및 조합원입주권(조합원으로부터 취득한 것은 제외하며, 조합원입주권을 양도하는 경우에는 「도시 및 주거환경정비법」 제74조에 따른 관리처분계획 인가 및 「빈집 및 소규모주택 정비에 관한 특별법」 제29조에 따른 사업시행계획 인가 전 토지분 또는 건물분의 양도차익으로 한정)이다.

〈장기보유특별공제율〉

1. 토지·건물

공제율	3년 이상	4년 이상	5년 이상	6년 이상	7년 이상	8년 이상	9년 이상	10년 이상	11년 이상	12년 이상	13년 이상	14년 이상	15년 이상
토지·건물	6%	8%	10%	12%	14%	16%	18%	20%	22%	24%	26%	28%	30%

※ 비사업용 토지: 2016년 12월 31일 양도분까지는 적용하지 않다가 2017년 1월 1일 이후 양도분부터 적용

2. 1세대 1주택

구 분		3년 이상	4년 이상	5년 이상	6년 이상	7년 이상	8년 이상	9년 이상	10년 이상
공제율	보유기간	12%	16%	20%	24%	28%	32%	36%	40%
	거주기간	12(8*)%	16%	20%	24%	28%	32%	36%	40%
	합 계	24(20*)%	32%	40%	48%	56%	64%	72%	80%

* 보유기간이 3년 이상(12%)이고 거주기간이 2년 이상 3년 미만(8%)인 경우 20% 적용
※ 비거주자 및 보유기간 중 2년 이상 거주하지 않은 경우는 일반 공제율(최고 30%) 적용

● 장기일반민간임대주택 등에 대한 장기보유특별공제

「민간임대주택에 관한 특별법」에 따른 공공지원민간임대주택 또는 장기일반민간임대주택을 같은 법에 따라 임대사업자등록하여 다음 요건을 모두 충족하는 경우 그 주택을 양도함으로써 발생하는 소득에 대해서는 장기보유특별공제액을 계산할 때 8년(10년) 이상 계속 임대 후 양도하는 경우 50%(70%)의 공제율을 적용한다. 이 경우 「소득세법」에 따른 사업자등록과 「민간임대주택에 관한 특별법」에 따른 임대사업자등록을 하고 장기일반민간임대주택 등으로 등록하여 임대하는 날부터 임대를 개시한 것으로 본다.

- 임대보증금 또는 임대료의 증가율이 5% 이하
- 전용면적 85㎡ 이하(다가구주택일 경우 가구당 전용면적 기준)
- 임대 개시 당시 기준시가 6억 원(비수도권 3억 원) 이하(2018년 9월 14일 이후 취득분부터)

  ※ 2020년 12월 29일 법률 개정으로 장기일반민간임대주택은 2020년 12월 31일까지 등록(민간건설임대주택은 2024년 12월 31일)한 주택에 한해 해당 과세특례를 적용받을 수 있다.

● 장기임대주택에 대한 장기보유특별공제

「민간임대주택에 관한 특별법」에 따른 다음의 장기임대주택을 6년 이상 임대한 후 양도할 때에는 일반 장기보유특별공제율(연 2%, 최대 30%)에 임대기간에 따라 다음의 공제율을 가산한다. 이 경우 「소득세법」에 따른 사업자등록과 「민간임대주택에 관한 특별법」에 따른 임대사업자등록을 하거나 「공공주택 특별법」에 따른 공공주택 사업자로 지정되어 임대하는 날부터 임대를 개시한 것으로 본다.

- 민간매입임대주택: 1호 이상, 임대개시일 당시 주택의 기준시가 6억 원 (수도권 밖 3억 원) 이하
- 건설임대주택: 2호 이상, 대지면적 298㎡ 이하, 주택의 연면적 (공동주택은 전용면적)이 149㎡ 이하

임대기간	추가공제율
6년 이상 7년 미만	2%
7년 이상 8년 미만	4%
8년 이상 9년 미만	6%
9년 이상 10년 미만	8%
10년 이상	10%

● 양도소득세 계산 흐름

- 양도차익 = 양도가액 − 취득가액 − 기타의 필요경비
- 장기보유특별공제액 = 양도차익 × 장기보유특별공제율
- 양도소득금액 = 양도차익 − 장기보유특별공제액
- 양도소득과세표준 = 양도소득금액 − 양도소득 − 기본공제액
- 산출세액 = 양도소득과세표준 × 세율
- 자진납부할 세액 = 산출세액 − 감면세액

▶ 관련 법규 : 「소득세법」 제92조, 제95조,
　　　　　　「조세특례제한법」 제97조의3, 제97조의4

28

실지거래가로 신고하는 부동산은 증빙서류를 철저히 챙겨야 세금부담을 줄일 수 있다.

실지거래가액으로 양도소득세를 계산하는 경우에는 양도가액에서 취득가액 및 기타 취득에 소요된 비용 중 관련 증빙서류에 의하여 실제로 지출된 사실이 확인되는 금액만을 공제하여 양도차익을 계산하므로 만약 실제 지출이 되었으나 증빙서류를 제대로 챙기지 못했다면 그 금액에 상당하는 만큼 추가 세부담이 따른다.

제조업을 운영하고 있는 김절세 씨는 사업상 투자 자금이 필요하여 분양받은 경기도 고양시 일산구 소재 아파트(분양가액 2억 원, 제세공과금 1천만 원, 보유기간 2년 이상 3년 미만)를 2021년 1월 3억 원에 급히 매매하고 이에 따른 양도소득세를 신고하고자 담당 세무사에게 신고를 의뢰하였다.

담당 세무사는 2007년부터는 부동산 등을 사고 팔면서 얻은 실제 이익을 기준으로 양도소득세를 신고·납부하는 실거래가 과세제도가 전면적으로 시행되었다고 하면서, 분양금액이나 섀시 비용 등 관련 증빙을 요청하였으나 입주 시 설치한 섀시 비용 3백만 원에 대한 증빙이 없어 제시를 못했다.

제시한 서류를 검토한 세무사는 실제 소요된 비용에 따른 양도소득세 1,506만 원을 신고 납부하면 되나 섀시 비용 3백만 원에 대한 증빙이 없어, 이 금액의 상당세액 72만 원을 추가 부담해야 한다고 한다.

다음과 같은 사항에 유념하여 부동산을 취득하고자 하는 시점부터 관련 증빙자료를 꼼꼼히 챙기고 보관하여 내지 않아도 되는 세금을 추가 부담하는 일이 없도록 해야 한다.

- 양도소득세 계산 시 비용으로 공제받을 수 있는 항목을 알아두고
- 공제받을 수 있는 항목에 대한 증빙자료를 확인하고
- 증빙자료는 언제 어디서나 쉽게 구할 수 있는 것이 아니므로 비용을 지출할 때마다 미리미리 확보해 두는 것이 좋다.

1) 실지거래가액에 의한 양도차익 계산

양도차익 = 실지양도가액 − 필요경비

- 실지 양도가액
  - 상대방으로부터 실제 수수하는 거래금액을 말한다.
- 필요경비 (① + ② + ③)
  ① 취득에 소요된 비용(취득가액 및 부대비용)
  ② 취득 후 지출한 비용
  ③ 양도비용

2) 취득에 소요된 비용

당해 자산의 매입가액, 취득세, 부동산중개수수료 등 취득에 소요된 비용을 공제한다. 건물을 신축한 경우에는 신축에 소요된 비용이 매입가액이 되며, 자산을 취득하면서 상대방과의 분쟁으로 인해 소송비용·인지대 등을 지출하였다면 이러한 비용도 포함한다.

다만, 취득세는 영수증이 없더라도 인정해 주고 있다.

〈증빙서류 예시〉
- 취득 시의 매매계약서
- 대금수수 영수증(무통장으로 거래시 무통장입금 영수증)

- 부동산 거래대금의 흐름이 나타나는 금융기관 거래통장
- 거래상대방의 거래사실확인서
- 건물을 신축한 경우 도급계약서, 대금지급영수증, 세금계산서 등
- 기타 대금지급 사실을 입증할 수 있는 서류

3) 취득 후 지출한 비용

부동산을 취득한 후 이용편의를 위하거나 가치를 증가시키기 위하여 지출한 다음과 같은 비용도 필요경비로 공제받을 수 있다.

- 본래의 용도를 변경하기 위한 개조비용
- 엘리베이터 또는 냉난방장치 설치비용
- 빌딩 등의 피난시설 등 설치비용
- 재해 등으로 건물·기계·설비 등이 멸실되거나 훼손되어 본래의 용도로 이용할 가치가 없는 것의 복구비용
- 토지의 이용편의를 위한 장애물 철거비용, 도로 신설비용
- 재해나 노후화 등 부득이한 사유로 건물을 재건축한 경우 그 철거비용(2020년 2월 11일 이후 양도하는 분부터 적용)
- 기타 개량·확장·증설 등 위와 유사한 성질의 비용
  - 예를 들면 섀시 설치비용, 발코니 개조비용, 난방시설 교체비용 등은 공제 가능하나 벽지·장판 교체비용, 싱크대나 주방기구 교체비용, 외벽 도장비용, 조명기구 교체비용 등은 공제받을 수 없음

〈증빙서류 예시〉
- 공사도급계약서, 세금계산서, 공사대금지급 영수증
- 기타 비용 지출사실을 입증할 수 있는 서류
  - 2016년 2월 17일 이후의 자본적지출액부터는 신용카드 매출전표, 현금영수증, 세금계산서(계산서) 등의 증빙서류를 수취·보관하여야 필요 경비로 인정받을 수 있었으나, 2018년

4월 1일 이후 양도하는 분부터는 금융증빙 등 실제 지출이 확인되는 경우 필요경비로 인정받을 수 있다.

4) 양도비용

자산을 양도하기 위하여 직접 지출한 계약서 작성비용, 공증비용, 인지대, 광고료, 소개비, 양도소득세 신고서 작성비용 등과 부동산을 취득하면서 매입한 국민주택채권 또는 토지개발채권을 만기 전에 매각함으로써 발생한 매각손실도 비용으로 인정받을 수 있다.

〈증빙서류 예시〉
- 양도비용 지급 영수증
- 인지세 납부 영수증
- 국민주택채권 등 매각 영수증
- 기타 비용 지출사실을 입증할 수 있는 서류
- 세무대리인에게 지급한 수수료 영수증

▶ 관련 법규: 「소득세법」 제97조
　　　　　　「소득세법 시행령」 제163조, 제89조

29 양도소득세 신고 · 납부(예정 · 확정)를 꼭 하자.

● 양도소득세 예정신고 · 납부

양도소득세 과세대상 자산을 양도한 거주자는 양도소득세 예정신고 · 납부기한 내에 주소지 관할 세무서장에게 해당 양도소득세 신고서를 제출하고 세금도 납부하여야 한다.

〈예정 신고 · 납부기한〉

◆ 토지 또는 건물, 부동산에 관한 권리, 기타자산(특정주식 등)신탁수익건을 양도한 경우
• 양도일이 속하는 달의 말일부터 2개월 이내

◆ 부담부증여(2017년 1월 1일 이후 부담부증여하는 분부터)
• 증여일이 속하는 달의 말일부터 3개월 이내

◆ 토지거래계약 허가구역 안에 있는 토지로서 허가를 받기 전에 대금을 청산한 경우
• 토지거래허가(해제)일이 속하는 달의 말일부터 2개월 이내

◆ 주식(특정주식 등 제외)을 양도한 경우
• 2017년 12월 31일까지는 주식 양도일이 속하는 분기의 말일부터 2개월 이내
• 2018년 1월 1일 이후부터는 주식 양도일이 속하는 반기의 말일부터 2개월 이내

◆ 파생상품은 예정신고 없음

〈신고인 제출대상 서류〉
• 해당 자산의 취득 및 양도 시 매매계약서 사본
• 취득 시 또는 취득 후 지출한 비용관련 증빙서류
  – 2016년 2월 17일 이후의 자본적지출액부터는 신용카드 매출전표, 현금영수증, 세금계산서(계산서) 등의 증빙서류를 수취·보관하여야 필요경비로 인정받을 수 있었으나, 2018년 4월 1일 이후 양도하는 분부터는 금융증빙 등 실제 지출이 확인되는 경우 필요경비로 인정받을 수 있다.
• 양도비용 증빙서류

〈일괄 확인 가능 서류〉: 납세자 제출 생략 가능 서류

• 토지 · 건물등기사항증명서
• 토지대장 및 건축물대장 등본

※ 행정정보의 공동이용을 통하여 해당 서류의 확인이 불가능한 경우에는 납세자에게 제출을 요구할 수 있다.

● 양도소득세 확정신고 · 납부

1과세기간(1월 1일~12월 31일)동안 양도소득이 있으면 그 다음 해 5월 1일부터 5월 31일까지 주소지 관할세무서에 양도소득세 확정신고 · 납부를 하여야 한다. 단, 예정신고를 한 경우에는 확정신고를 하지 않아도 되지만 다음의 경우에는 확정신고 납부를 하여야 한다.

① 2회 이상 자산을 양도하고 이미 신고한 양도소득금액과 합산하여 신고하지 않은 경우
② 2회 이상 자산을 양도한 경우로서 「소득세법」 제103조제2항에 따라 양도소득 기본공제(연 250만 원)를 할 경우 세액이 달라지는 경우
③ 2회 이상 자산을 양도하고 양도소득세 비교과세 방식으로 예정신고하지 않은 경우

● 예정 · 확정신고 안내

• 현재 세무서에서는 부동산등기 신청자료와 신고자료 등을 전산으로 대사하여 예정 · 확정신고 대상자를 추출하여 신고안내문을 보내주고 있다.
• 따라서 신고안내문을 받았다면 세무서에서 신고대상자로 분류한 것이므로 신고대상인지 여부를 확인하고 기한 내에 신고 · 납부를 하여 무신고(납부)로 인한 가산세 불이익을 받지 않도록 해야 한다.

● 신고하지 않을 경우 불이익

① 무신고와 무납부에 따른 가산세를 물어야 한다.

② 납부할 세액이 1천만 원을 초과하는 경우에는 세액의 일부를 2개월 이내에 분할납부할 수 있는데 이러한 분할납부 혜택을 받지 못한다.

③ 수정신고 또는 경정청구를 할 수 없다.(기한 후 신고한 경우에는 가능)

④ 양도소득세 감면대상인 경우에는 확정신고와 함께 감면신청을 하여야 하는데 감면신청을 하지 않았으므로 감면이 배제되는 경우가 있다.

● 무(과소)신고 · 무(미달)납부 시 가산세

◆ 무(과소)신고 가산세 계산

2015년 6월 30일 이전 양도분	2015년 7월 1일 이후 양도분
○ 가산세 계산식 산출세액 $\times \dfrac{\text{무(과소)신고 과세표준}}{\text{과세표준}} \times$ 무 20% 과소 10% 부정 40%	○ 가산세 계산식 무(과소)신고 납부세액 + 초과신고한 환급세액 $\times$ 무 20% 과소(초과환급)10% 부정 40%

☞ 2015년 7월 1일 이후 양도분은 추가납부세액이 없는 경우에는 무(과소)신고 가산세를 부과하지 아니함

☞ 예정신고기한까지 무(과소)신고하였으나 확정신고기한까지 확정신고 및 수정·기한 후 신고한 경우 가산세액의 50%를 감면함

◆ 납부지연가산세 계산

① (무·과소 납부한 경우) 무납부(과소납부) 세액 $\times$ 0.022% $\times$ 경과일수

② (초과환급받은 경우) 초과하여 환급받은 세액 $\times$ 0.022% $\times$ 경과일수

※ 경과일수 = 납부기한(환급받은 날) 다음날부터 납부일까지의 일수

③ 납부고지서에 따른 납부기한까지 무납부(과소납부) 세액 $\times$ 3%

◆ 가산세는 확정신고는 물론 예정신고에도 적용된다.

● 양도소득세 신고 · 납부방법

▶ 신고 방법: 관할세무서에 우편 발송 또는 방문, 전자신고

▶ 납부 방법: 은행 · 체신관서, 전자납부

▶ 양도소득세 신고는 국세청 홈택스(www.hometax.go.kr) 또는 모바일을 통해 전자신고할 수 있다.

▶ 부동산의 경우 모두채움을 이용하여 편리하게 신고할 수 있다.

   ※ 실지거래액(취득 · 양도)이 존재하고 연도 중 처음 양도한 자산으로서 1개의 단일 부동산인 경우 등 단순 신고유형에 대해 제공

▶ 양도소득세 종합안내 포털(홈택스 → 세금신고 → 양도소득세)을 이용하면, 전자신고는 물론 양도소득세 모의계산, 신고도움 서비스, 신고도움 자료 조회 등 다양한 정보를 볼 수 있다.

◆ 전자신고·납부 방법

• 홈택스: 로그인〉세금신고〉양도소득세신고〉예정/확정신고

• 모바일 홈택스(앱): 로그인 〉 세금신고 〉 양도소득세 신고

▶ 관련 법규: 「소득세법」 제105조, 「소득세법」 제110조,
   「국세기본법」 제47조의2, 제47조의4

30 신고를 한 후 과다신고한 사실이 밝혀지면 경정청구를 하여 세금을 돌려받도록 하자.

세금을 신고하다 보면 신고하여야 할 금액보다 적게 신고하는 경우도 있지만, 공제받을 수 있는 사항이 있는데도 이를 공제받지 아니하여 정당하게 내야 할 세금보다 많이 내는 경우도 있다.

이러한 경우에는 법정신고기한 경과 후 5년 이내에 관할 세무서장에게 정당하게 세액을 결정 또는 경정하여 줄 것을 청구할 수 있는데 이를 '경정청구'라한다.

경정청구를 할 수 있는 경우의 예를 들어 보면 다음과 같다.

• 실지거래가액으로 신고하면서 증빙서류를 확보하지 못해 필요경비를 공제받지 못하였으나 신고기한이 지난 후 증빙서류를 확보한 경우
• 장기보유특별공제 대상인데 적용하지 아니한 경우

경정청구는 법정신고기한 내에 신고를 한 자와 기한 후 신고자(2020년 1월 1일 이후)가 할 수 있으며, 신고기한 경과 후 5년 이내에 하여야 한다.

다만, 다음의 경우에는 그 사유가 발생한 날부터 3월 이내에 경정청구를 할 수 있다.

① 최초의 신고·결정 또는 경정에 있어서 과세표준 및 세액의 근거가 된 거래 또는 행위 등이 그에 관한 심사·심판청구에 대한 결정이나 소송에 대한 판결에 의하여 다른 것으로 확정되었을 때
② 소득 기타 과세물건의 귀속을 제3자에게로 변경시키는 결정 또는 경정이 있을 때
③ 조세조약에 따른 상호합의가 최초의 신고·결정 또는 경정의 내용과 다르게 이루어졌을 때

④ 당초 신고의 근거가 된 거래 또는 행위 등의 효력에 관계되는 관청의 허가 기타의 처분이 취소된 때

⑤ 당초 신고의 근거가 된 거래 또는 행위 등의 효력에 관계되는 계약이 해제권의 행사에 의하여 해제되거나 당해 계약의 성립 후 발생한 부득이한 사유로 인하여 해제되거나 취소된 때

⑥ 당초 신고할 때는 장부 및 증빙서류의 압수 기타 부득이한 사유로 인하여 과세표준 및 세액을 계산할 수 없었으나 그 후 당해 사유가 소멸한 때

⑦ 기타 위와 유사한 사유가 법정신고기한 경과 후에 발생한 때

경정청구를 하면 세무서에서 그 내용을 확인한 다음 청구를 받은 날부터 2월 이내에 그 결과를 통지해 주도록 되어 있다.

그러므로 양도소득세 신고를 한 후 잘못 신고하여 정당한 세금보다 더 많은 세금을 낸 사실이 밝혀지면 경정청구를 하여 잘못 낸 세금을 돌려받도록 하자.

▶ 관련 법규: 「국세기본법」 제45조의 2

31 내야 할 세금이 1천만 원을 초과하는 경우에는 나누어 낼 수 있다.

세금은 신고·납부기한 내에 일시에 납부하는 것이 원칙이나, 예정신고 또는 확정신고를 할 때 납부할 세액이 1천만 원을 초과하는 경우에는 다음과 같이 납부세액의 일부를 납부기한 경과 후 2개월 이내에 나누어 낼 수 있다.

납부할 세액	신고 시 납부	분할납부할 수 있는 세액
2천만 원 이하	1천만 원	1천만 원 초과 금액
2천만 원 초과	1/2 이상 금액	1/2 이하 금액

예를 들어 2023년도 귀속 확정신고 납부세액이 1,500만 원인 경우에는 확정신고 납부기한인 2024년 5월 31일까지 1,000만 원을 납부하고 500만 원은 2024년 7월 31일까지 납부하면 되며, 납부할 세액이 3,000만 원인 경우에는 5월 31일까지 1,500만 원을 납부하고, 나머지 1,500만 원은 2024년 7월 31일까지 납부하면 된다.

납부할 세액의 일부를 분할납부하고자 하는 경우 예정신고서 또는 확정신고서에 분할납부할 세액을 기재하여 신고기한까지 신고서를 제출하고, 세액은 총 납부할 세액에서 분할납부할 세액을 뺀 금액은 신고·납부기한 내에 납부하고 나머지 분할납부할 세액은 2개월 내에 납부하면 된다.

따라서 납부할 세액이 많은 경우에는 분할납부를 하면 최소한 분할납부 기간에 대한 이자만큼이라도 이익을 볼 수 있다.

▶ 관련 법규: 「소득세법」 제112조

32

농지는 8년 이상 자기가 경작한 후 양도하면 양도소득세를 감면받을 수 있다.

농지소재지에서 8년 이상 직접 경작한 농지를 양도하는 경우에는 양도소득세를 감면한다.

'농지소재지에 거주하는 자'란 8년 이상 다음 중 하나에 해당하는 지역 (경작개시 당시에는 당해 지역에 해당하였으나 행정구역개편 등으로 이에 해당하지 아니하게 된 지역을 포함)에 거주하면서 경작한 자를 말한다.

ⅰ) 농지가 소재하는 시 · 군 · 구 (자치구) 안의 지역

ⅱ) 위 ⅰ)의 지역과 연접한 시 · 군 · 구 안의 지역

ⅲ) ⅰ), ⅱ)가 아닌 경우 실제 거주하는 곳에서 직선거리 30km 이내의 농지

'직접 경작'이란 거주자가 그 소유농지에서 농작물의 경작 또는 다년성 식물의 재배에 상시 종사하거나 농작업의 2분의 1 이상을 자기의 노동력에 의하여 경작 또는 재배하는 것을 말한다.

자경기간은 다음과 같이 계산한다.

• 일반적인 경우

- 자경기간은 농지를 취득한 때부터 양도할 때까지의 실제 보유기간 중의 경작기간으로 계산한다. 다만, 2014년 7월 1일 이후 양도분 부터는 경작기간 중 해당 피상속인(그 배우자 포함) 또는 거주자의 사업소득금액(2017년 2월 7일 이후 양도분 부터는 사업소득금액이 결손인 경우 '0'으로 봄, 농업 · 임업소득, 부동산임대소득, 농가 부업소득 제외)과 근로소득 총급여액의 합계액이 3천 700만 원 이상인 과세기간과 2020년 과세기간분부터는 복식부기 의무자 수입금액 기준 이상의 수입금액이 있는 경우 해당 과세기간은 피상속인 또는 거주자가 경작한 기간에서 제외한다.

- 특수한 경우
  - 상속받은 농지 : 피상속인이 취득하여 농지소재지에 거주하면서 경작한 기간도 상속인이 농지소재지에 거주하면서 경작한 기간으로 본다. 다만, 상속인이 상속받은 농지를 1년 이상 계속 경작하지 아니한 경우에는 상속받은 날부터 3년이 되는 날까지 양도하는 경우에 한하여 피상속인이 취득하여 경작한 기간을 상속인이 경작한 기간으로 본다.
  - 증여받은 농지 : 증여받은 날 이후 수증자가 경작한 기간으로 계산한다.
  - 교환된 농지 : 교환으로 인하여 취득한 농지는 교환일 이후 경작한 기간으로 계산한다.

자경기간은 취득할 때부터 양도할 때까지의 사이에 8년 이상 경작한 사실이 있으면 되며 양도일 현재에 자경하고 있어야 하는 것은 아니다.

그러나 양도일 현재 자경은 하고 있지 않더라도 농지에는 해당되어야 한다.

다만, 양도일 이전에 매매계약 조건에 따라 매수자가 형질변경, 건축 착공 등을 한 경우에는 매매계약일 현재를 기준으로 농지 여부를 판단한다.

따라서 8년 이상 자경농지에 해당되는 경우에는 양도소득세 신고 시 세액 감면 신청을 하여 세금을 감면 받도록 하자.

다만, 해당 토지가 「국토의 계획 및 이용에 관한 법률」에 따른 주거지역·상업지역 및 공업지역에 편입되거나, 「도시개발법」 그 밖의 법률에 따라 환지처분 전에 농지 외의 토지로 환지예정지를 지정받은 경우에는 주거지역 등에 편입되거나 환지예정지 지정을 받은 날까지 발생한 소득으로서 다음 산식에 의하여 계산한 소득에 한하여 양도소득세를 100% 감면한다.

$$\text{양도소득금액} \times \frac{\text{주거지역 등에 편입되거나 환지예정지 지정을 받은 날의 기준시가} - \text{취득당시의 기준시가}}{\text{양도당시의 기준시가} - \text{취득당시의 기준시가}}$$

감면세액은 5년간 2억 원, 1년간 1억 원(2015년 12월 31일 이전은 2억 원) 한도 내에서 감면한다.

다만, 다음 요건에 모두 해당하는 경우 1개 과세기간 내 양도로 본다.
① 분할(토지의 일부를 양도한 날부터 소급하여 1년 이내 토지를 분할 할 경우)한 토지 또는 토지 지분의 일부를 양도
② 토지(또는 지분)를 일부 양도한 날부터 2년 이내에 나머지 토지(또는 지분)를 동일인 또는 그 배우자에게 양도

● 경작기간이 8년이 안되어도 감면되는 경우

경영이양 직접지불보조금의 지급대상이 되는 농지를 한국농어촌공사, 농업을 주업으로 하는 영농조합법인 또는 영농회사법인에 2026년 12월 31일까지 양도하는 경우에는 3년 이상 직접 경작하면 감면을 받을 수 있다.

● 상속인이 상속받은 농지를 경작하지 않는 경우

상속받은 날부터 3년 이내에 상속받은 농지(피상속인이 자경요건을 갖춘 농지)를 양도하거나, 「공익사업을 위한 토지 등의 취득 및 보상에 관한 법률」 및 그 밖의 법률에 따라 협의매수 또는 수용되는 경우로서 상속 받은 날부터 3년이 되는 날까지 아래의 어느 하나에 해당하는 지역으로 지정되는 경우(상속 받은 날 전에 지정된 경우 포함)에는 피상속인의 경작기간을 상속인이 경작한 기간으로 본다.

- 택지개발촉진법 제3조에 따라 지정된 택지개발지구
- 산업입지 및 개발에 관한 법률 제6조 · 제7조 · 제7조의2 또는 제8조에 따라 지정된 산업단지 등

> ▶ 관련 법규: 「조세특례제한법」 제69조
> 「조세특례제한법 시행령」 제66조

33 양도일 현재 농지가 아니더라도 농지로 인정받는 경우가 있다.

8년 이상 자경농지에 대한 양도소득세 감면을 받으려면 양도일 현재 농지상태로 양도하여야 한다.

여기서 '양도일'이란 대금청산일을 말하되, 대금청산일이 분명하지 않거나 대금청산일 전에 소유권이전등기접수를 한 경우에는 소유권 이전등기접수일을 말한다.

그러나 현실적으로는 8년 이상 농지소재지에 거주하면서 직접 경작한 사실이 있지만 양도일 현재는 농지가 아닌 상태로 양도하는 경우가 있을 수 있는데, 다음과 같은 경우에는 농지를 양도한 것으로 인정받을 수 있으므로 이를 적극 입증하면 감면을 받을 수 있다.

- 양도일 이전에 매매계약조건에 따라 매수자가 형질변경을 하거나 건축착공 등을 한 경우에는 매매계약일 현재를 기준으로 한다. 따라서 매매계약체결 당시에는 농지였음을 입증하면 된다.

- 환지처분 전에 해당 농지가 농지 외의 토지로 환지예정지 지정이 되고, 그 환지예정지 지정일로부터 3년이 경과하기 전의 토지로서 토지조성공사의 시행으로 경작을 못하게 된 경우에는 토지조성 공사 착수일 현재 농지이면 감면을 받을 수 있다.

- 일시적 휴경 상태인 경우
  공부상 지목이 농지라 하더라도 양도일 현재 실제로 경작에 사용되고 있지 아니한 토지는 양도소득세 감면대상이 아니나, 일시적 휴경상태 하에서 양도한 경우에는 농지를 양도한 것으로 본다.

- 대법원 판례(97누706, 1998년 9월 22일)에서는 8년 이상 자경한 농지가 일시적 관리 소홀로 양도 당시 이주민들에 의하여 불법점거 당하여 농지로 사용되지 못한 경우를 일시적 휴경상태에 있었던 것으로 본 바 있다.

특히 매수자가 농지를 매입한 다음 그 위에다 건물을 신축한 후 그 분양대금으로 잔금을 지급하기로 하는 매매계약을 체결하는 경우가 있는데,

이러한 경우에는 매매계약일 현재 당해 토지가 농지였다는 사실을 적극적으로 입증하여 인정을 받아야 한다.

▶ 관련 법규: 「조세특례제한법」 제69조
　　　　　　 「조세특례제한법 시행령」 제66조

34 농지의 범위를 정확히 알아두고 해당사항이 있는 경우 적극 활용하자.

8년 이상 자경농지에 대한 양도소득세 감면 규정은 농지를 양도하는 경우에 적용된다.

'농지'는 전·답으로서 지적공부상의 지목에 관계없이 실제로 경작에 사용되는 토지를 말하며, 농지경영에 직접 필요한 농막·퇴비사·양수장·지소·농도·수로 등도 농지로 본다.

경작에는 벼 또는 과수·인삼·연초·채소·묘목(관상수 포함)·약용 작물·다류·화훼류·참깨·들깨·땅콩·호프 등의 작물을 재배하는 것을 포함한다.

🔍 Guide   농지의 예시

▶ 참고 예규
- 밤나무는 과실의 수확을 목적으로 과수원의 형태를 갖추고 집단 조성할 경우에는 농지에 해당된다.
- 지목이 임야로 되어 있더라도 단감나무 과수원을 조성하여 단감을 생산하고 있다면 농지에 해당된다.
- 축산용 사료를 생산하기 위하여 옥수수 등을 재배하고 있는 토지는 목장용지에 해당되므로 농지로 볼 수 없다.
- 묘목을 상품전시용으로 일시 가식·판매하거나 판매목적으로 보관하여 재배소득이 발생하지 아니한 경우에는 농지로 볼 수 없으나, 구입 후 상당기간 가식하여 생육시킴으로써 가격이 상승하는 등 재배소득이 발생하는 경우에는 농지에 해당된다.

▶ 관련 법규: 「조세특례제한법 시행규칙」 제27조

35 개인기업을 법인으로 전환하는 경우 현물출자를 하거나 사업양수도 방법을 택하면 이월과세를 적용받을 수 있다.

거주자가 사업용 고정자산(주택 또는 주택을 취득할 수 있는 권리 제외)을 현물출자하거나 사업양수도 방법에 의하여 법인(소비성 서비스업을 영위하는 법인을 제외)으로 전환하는 경우 당해 사업용 고정자산에 대하여는 이월과세를 적용받을 수 있다.

● 법인전환 방법

법인으로 전환하는 방법에는 다음과 같은 방법이 있다.

1) 현물출자 방법

개인사업자가 사업장별로 해당 사업에 사용한 사업용 고정자산을 새로이 설립되는 법인에 현물출자하여 법인으로 전환하는 방법이다.

사업장별로 적용하는 것이므로 하나의 사업장을 분할하여 그 중 일부만을 법인으로 전환하는 경우에는 감면을 받지 못한다.

2) 사업양수도 방법

해당 사업을 영위하던 자가 발기인이 되어 소멸하는 사업장의 순자산가액 이상을 출자하고, 법인설립일로부터 3개월 이내에 해당 법인에게 사업에 관한 모든 권리와 의무를 포괄적으로 양도하여야 한다.

● 법인전환 시 세금문제

개인기업을 법인으로 전환하게 되면 개인에서 사용하던 부동산이나 기계장치 등을 법인 명의로 이전해야 하는데, 개인과 법인은 실체가 다르므로 이에 대하여도 세금을 내야 한다.

즉, 부동산을 이전하는 데 대하여는 양도소득세가, 기계장치 등을 이전 하는데 대하여는 부가가치세가 과세되는 것이 원칙이다.

그러나 개인기업을 법인으로 전환함에 따라 사업용 고정자산을 법인 명의로 이전하는 경우에는 현물출자 방법을 택하든 사업양수도 방법을 택하든 이전 시점에 개인이 부담해야 할 양도소득세는 신청에 의하여 이월과세 할 수 있다. 다만, 사업용 고정자산을 법인에 이전한 후 5년 이내에 법인이 인수한 자산을 처분하거나 개인이 법인전환으로 취득한 주식 또는 출자지분을 처분하는 등의 경우에는 개인이 이월과세 적용받은 양도소득세를 사유 발생일이 속하는 달의 말일부터 2개월 이내에 납부하여야 한다.

기계장치 등의 경우는 사업양수도 방법에 의하여 법인으로 이전하는 경우에만 부가가치세를 과세하지 않는다.

또한 개인기업을 법인으로 전환함으로 인하여 취득하는 자산에 대하여는 현물출자방법에 의하든 사업양수도방법에 의하든 모두 지방세인 취득세도 면제하고 있다.

Q Guide 이월과세

개인이 사업용 고정자산을 현물출자나 사업양수도에 따라 법인으로 전환하는 시점에는 양도소득세를 과세하지 아니하고, 이를 양수한 법인이 해당 자산을 양도하는 때에 개인이 종전 사업용 고정자산 등을 법인에게 양도한 날이 속하는 과세기간에 다른 양도자산이 없다고 보아 계산한 양도소득세 산출세액 상당액을 법인세로 납부하는 것을 말한다.

▶ 관련 법규: 「조세특례제한법」 제32조
「조세특례제한법 시행령」 제29조

36 양도일 현재 주택이 아니라면 1세대 1주택 비과세를 받을 수 없음에 유의하자.

1세대 1주택 비과세를 받으려면, 양도일 현재 주택이어야 한다.

여기서 '양도일'이란 대금청산일을 말하며, 대금청산일이 불분명하거나 대금을 청산하기 전에 소유권이전등기를 한 경우에는 소유권이전등기접수일을 말한다.

종전에는 주택에 대한 매매계약을 체결하고, 그 매매특약에 따라 잔금청산 전에 멸실하거나 상가로 용도변경한 경우 1세대 1주택 비과세를 적용받을 수 있었으나,

매매특약에 대한 해석이 변경되어 용도변경은 2022년 10월 21일 이후 매매계약 체결분부터

멸실은 2022년 12월 20일 이후 매매계약 체결분부터 1세대 1주택 비과세를 적용받을 수 없다.

- 양도일 이전에 매수자(건설사업자)가 공사기간을 줄이기 위하여 매매특약으로 잔금청산 전에 주택을 멸실하거나, 매수자가 상가로 사용하기 위해 매매특약으로 잔금청산 전에 주택을 상가로 용도변경한 경우,
  종전에는 매매계약일 현재를 기준으로 주택이면 1세대1주택 비과세, 장기보유특별공제(99p 표1, 표2) 및 다주택자 중과세율 등을 판단하였으나, 아래와 같이 해석이 변경됨에 따라 양도일(잔금청산일) 기준으로 판단한다.

  – 주택에 대한 매매계약을 체결하고, 그 매매특약에 따라 잔금청산 전에 주택을 상가로 용도변경한 경우, 2022년 10월 21일 이후 매매계약

체결분부터 양도일(잔금청산일)현재 상황에 따라 1세대 1주택 비과세, 장기보유특별공제(99p 표1, 표2) 및 다주택자 중과세율 등 적용 여부를 판정함(기획재정부 재산세제과-1322, 2022. 10. 21.)

- 주택에 대한 매매계약을 체결하고, 그 매매특약에 따라 잔금청산 전에 주택을 멸실한 경우, 2022년 12월 20일 이후 매매계약 체결분부터 양도일(잔금청산일) 현재 상황에 따라 1세대 1주택 비과세, 장기보유특별공제(99p 표1, 표2) 및 다주택자 중과세율 등 적용 여부를 판정함(기획재정부 재산세제과-1543, 2022. 12. 20.)

• 따라서, 매매특약으로 잔금청산 전에 주택을 멸실하거나, 매매특약으로 잔금청산 전에 주택을 상가로 용도변경하는 매매계약을 체결하는 경우가 있는데 이러한 경우 1세대 1주택 비과세 등 적용기준이 매매계약일 기준이 아닌 양도일(잔금청산일)로 변경되어 1세대 1주택 비과세 등을 받을 수 없으므로 주의하도록 하자.

▶ 관련 법규:「소득세법」제89조, 제95조, 제98조, 제104조
「소득세법 시행령」제154조, 제159조의4, 제162조

납세자가 자주 묻는 상담사례 Top 10 – 양도소득세

Q1 2023년 7월 직전임대차계약 대비 임대료 등이 5%를 초과하지 않은 상생임대차계약 체결 후 2025년 2월 임차인이 개인적인 사정으로 조기퇴거 함에 따라 2025년 1월 1일 이후 새로운 임차인과 임대차계약을 하는 경우에도 상생임대차계약이 적용되는가요?

A1 "직전 임대차계약" 대비 임대보증금 또는 임대료의 증가율이 5%를 초과하지 않는 임대차계약을 2021년 12월 20일부터 2024년 12월 31일까지의 기간 중에 계약기간을 2년으로 체결하였으나 임차인의 개인적인 사정으로 조기 전출로 인하여 새로운 임대차 계약을 2025년 1월 이후 체결한 경우 두 임대차 계약에 따른 실제 임대한 기간을 합산하여 2년이 이상인 경우에는 해당 특례의 적용이 가능합니다.

근거법령

● 「소득세법 시행령」 제155조의3 【상생임대주택에 대한 1세대1주택의 특례】

④ 직전임대차계약 및 상생임대차계약에 따른 임대기간을 계산할 때 임차인의 사정으로 임대를 계속할 수 없어 새로운 임대차계약을 체결하는 경우로서 기획재정부령으로 정하는 요건을 충족하는 경우에는 새로운 임대차계약의 임대기간을 합산하여 계산한다. 〈신설 2023. 2. 28.〉

● 양도, 서면-2023-법규재산-0115 [법규과-1194], 2023. 05. 09.

임차인의 조기전출로 2025. 1. 이후 「소득세법 시행규칙」 제74조의3에서 정하는 요건을 충족하는 새로운 임대차계약 체결 시, 상생임대주택 특례 적용 가능한 것임

● **관련 법규:** 상생임대주택에 대한 1세대1주택의 특례(「소득세법 시행령」 제155조의3)

Q2 2018년 9월 분양, 2022년 1월에 임대차계약(2022년 2월 4일부터 2024년 2월 3일) 후 2022년 2월에 잔금청산으로 주택을 취득하여 임차인이 입주하였으며, 2023년 6월에 동일한 임차인과 변경 임대차계약(2023년 6월 30일부터 2024년 12월 29일)을 체결한 경우 직전임대차계약에 해당하는가요?

A2 주택을 취득하기 전 임차인과 체결한 임대차계약의 경우 직전 임대차계약에 해당하지 아니하고, 직전임대차계약에 해당하지 않는 기존임대차계약을 종료하고 임대기간을 변경하여 새로운 계약을 체결한 경우에도 「소득세법 시행령」 제155조의3의 직전 임대차계약에 해당하지 않습니다.

관련지식

- 「소득세법 시행령」 제155조의3조에 의해
  1) 주택 취득 후 체결한 직전임대차계약에 따라 실제 임대한 기간이 1년 6개월 이상이고
  2) 이후 임대료 등 5% 상한기준을 준수하여 2021. 12. 20.부터 2024. 12. 31.까지 기간 내 채결한 상생임대차계약에 따라 임대한 기준이 2년 이상이면 거주기간을 면제하는 것입니다.

- 양도, 서면−2023−부동산−0696 [부동산납세과−2160], 2023. 09. 04.
  직전임대차계약에 해당하지 않는 기존임대차계약을 종료하고 임대기간을 변경하여 새로운 계약을 체결한 경우 소득령§155의3의 직전임대차계약에 해당하지 않음

- **관련 법규:** 상생임대주택에 대한 1세대1주택의 특례(「소득세법 시행령」 제155조의3)

Q3 동탄2신도시에서 분양받아 조정대상지역 내 A주택을 취득하였습니다. A주택은 처음부터 거주하지 아니하고 현재까지 임대 중으로 현재 해당지역은 조정대상지역에서는 해제된 상태입니다. A주택을 양도할 경우 1세대 1주택 비과세를 적용받기 위해서는 "2년이상 거주요건"을 충족해야 하는지요?

A3 「소득세법 시행령」 제154조 제1항에 따라 취득 당시 조정대상지역에 있는 주택의 경우에는 해당 주택의 보유기간이 2년 이상이고 보유기간 중 거주기간이 2년 이상인 경우 1세대 1주택 비과세가 적용됩니다(단, 양도가액 12억 원 초과분은 과세).

즉, 1세대 1주택 비과세를 적용함에 있어 거주요건은 해당 주택의 취득당시를 기준으로 적용하는 것으로, 취득 후 조정대상지역에서 해제된 경우에도 취득 당시 조정대상지역인 경우라면 거주요건이 적용되는 것입니다.

길라잡이

● 「소득세법 시행령」 제154조 제1항에 의해

1세대가 양도일 현재 국내에 1주택을 보유하고 있는 경우로서 해당 주택의 보유기간이 2년 이상인 것[취득 당시에 「주택법」 제63조의2 제1항 제1호에 따른 조정대상지역에 있는 주택의 경우에는 해당 주택의 보유기간이 2년 이상이고 그 보유기간 중 거주기간이 2년 이상인 것]인 경우 양도소득세가 비과세 적용됩니다(단, 양도가액 12억 원 초과분은 과세).

● **관련 법규**: 1세대 1주택의 범위(「소득세법 시행령」 제154조 제1항)

Q4 분양권을 취득할 당시에는 조정대상지역이었으나 잔금청산 전에 조정대상지역에서 해제된 경우에는 해당 주택을 양도할 경우 1세대 1주택 비과세를 적용받기 위해서는 "2년이상 거주요건"을 충족해야 하는지요?

A4 「소득세법 시행령」 제154조 제1항에 따라 취득 당시 조정대상지역에 있는 주택의 경우에는 해당 주택의 보유기간이 2년 이상이고 보유기간 중 거주기간이 2년 이상인 경우 1세대 1주택 비과세가 적용됩니다(단, 양도가액 12억 원 초과분은 과세).

사례와 같이 분양권이 아파트로 전환되기 전에 조정대상지역에서 해제된 경우에는 2년 이상 거주요건이 적용되지 않습니다.

1) 준공일 이후에 대금이 청산된 경우: 대금청산일과 소유권 이전접수일 중 빠른 날

2) 준공일 이전에 대금이 청산된 경우: 준공일(사용승인서 교부일, 사실상의 사용일 또는 임시사용승인일 중 빠른 날)

관련법령

● 「소득세법 시행령」 제154조 제1항에 의해

1세대가 양도일 현재 국내에 1주택을 보유하고 있는 경우로서 해당 주택의 보유기간이 2년 이상인 것[취득 당시에 「주택법」 제63조의2 제1항 제1호에 따른 조정대상지역에 있는 주택의 경우에는 해당 주택의 보유기간이 2년 이상이고 그 보유기간 중 거주기간이 2년 이상인 것]인 경우 양도소득세가 비과세가 적용됩니다(단, 양도가액 12억 원 초과분은 과세).

● 관련 법규: 1세대 1주택의 범위(「소득세법 시행령」 제154조 제1항)

Q5

2022년 2월에 분양권 A를 취득하였습니다(2025년 9월 준공예정). 이후 승계취득한 B분양권이 주택으로 완성되어 2023년 7월에 B주택을 취득하였습니다. B주택을 취득한 후 2년이 경과하여 2025년 10월에 양도할 경우 비과세 적용이 가능한가요?

A5

2021년 1월 1일 이후 공급계약, 매매 또는 증여 등의 방법으로 취득한 분양권은 주택수에 포함하여 1세대 1주택 비과세를 판단합니다.

또한 2021년 1월 1일 이후 2개의 분양권을 순차적으로 취득한 경우 「소득세법 시행령」 제155조 제1항에 따른 일시적인 1세대 2주택 비과세 규정은 적용할 수 없고, 「소득세법 시행령」 제156조의3 제2항이나 제3항도 적용할 수 없습니다.

따라서, 귀 사례의 경우 우선 양도하는 분양권 또는 주택은 양도소득세 과세대상에 해당할 것으로 판단됩니다.

관련예규

- 서면-2021-법규재산-1891 [법규과-2849], 생산일자: 2022.10. 06.
  2021. 1. 1. 이후 취득한 2개의 분양권이 주택으로 완성된 후 먼저 완성된 주택을 양도하는 경우 「소득세법 시행령」 제155조 제1항 적용대상에 해당하지 아니함

- 관련 법규: 주택과 분양권을 소유한 경우 1세대 1주택의 특례
  (「소득세법 시행령」 제156조의3 제2항, 제3항)

납세자가 자주 묻는 상담사례 Top 10 – 양도소득세

Q6

2002년 3월 경상남도 마산시 A아파트를 취득하고, 2020년 8월 경상남도 통영시 B주택을 상속으로 취득하였습니다.
2023년 3월 경상남도 마산시 C아파트를 추가로 취득한 후 3년 이내에 A아파트를 양도할 경우 1세대 1주택 비과세 적용이 가능한가요?

A6

「소득세법 시행령」 제155조 제2항에 의하여 별도 세대원이던 피상속인으로부터 상속받은 주택과 일반주택을 국내에 각각 1개씩 소유하고 있는 1세대가 일반주택을 양도하는 경우에는 보유기간이 2년 이상(취득당시 조정대상지역에 해당할 경우에는 "2년 이상 거주요건"도 충족해야 함)이면 비과세 적용을 받을 수 있습니다.

따라서, 2020년 8월에 취득한 B상속주택이 별도 세대원인 피상속인으로부터 상속받은 주택에 해당하면서, 신규 C주택을 취득한 날로부터 3년 이내에 양도할 경우 상속주택 특례와 일시적인 1세대 2주택 특례가 중첩되어 비과세 적용이 가능합니다.

관련근거

● 서면-2015-부동산-2192[부동산납세과-2010], 2015. 11. 30.

1세대가 「소득세법 시행령」 제155조 제2항에서 규정한 상속받은 주택과 그 밖의 주택을 국내에 각각 1개씩 소유하고 있는 상태에서 새로운 1주택을 추가로 취득하는 경우, 일반주택을 취득한 날부터 1년 이상이 지난 후 새로운 주택을 취득하고 그 새로운 주택을 취득한 날부터 3년 이내에 종전의 일반주택을 양도하는 경우에는 이를 1세대 1주택으로 보아 「소득세법 시행령」 제154조 제1항을 적용하는 것입니다.

● 관련 법규: 1세대 1주택 특례(「소득세법 시행령」 제155조 제2항)

Q7 2017년 입주한 공공임대주택에 거주 중이며, 2024년 현재 분양 전환을 받아 소유하고 있습니다. 본인은 2017년 11월 7일에 전입하고, 배우자는 2022년 1월에 혼인신고 후 전입하였습니다. 자녀는 2023년 4월에 출산하였습니다.
공공임대주택의 경우 임차일로부터 5년 이상 실거주한 경우 비과세 적용이 가능한 것으로 알고 있는데요.
배우자와 자녀의 경우에도 5년의 거주요건을 충족해야 하나요?

A7 해당 규정의 거주기간 산정 시 혼인 전에 거주한 기간과 혼인 후 배우자가 함께 거주한 기간을 통산하여 적용합니다.

길라잡이

● 양도, 부동산납세과-721, 2014. 09. 23

「소득세법 시행령」 154조 제1항 제1호의 '해당 건설임대주택의 임차일부터 해당 주택의 양도일까지의 기간 중 세대 전원이 거주한 기간이 5년 이상' 규정을 적용할 때 거주자가 당해 주택에서 혼인 전에 거주한 기간과 혼인 후 배우자 및 출생한 자녀와 함께 거주한 기간을 통산하는 것입니다.

● 관련 법규: 1세대 1주택의 범위(「소득세법 시행령」 제154조 제1항)

납세자가 자주 묻는 상담사례 Top 10 - 양도소득세

Q8 2013년 1월에 부인 명의로 주택을 취득하고, 2024년 2월에 20억 원에 양도하였습니다.
세대원은 남편과 부인만 있으며, 소유자인 부인은 취득 후 10년 이상 보유 및 거주하였으나 세대원인 남편은 근무상 형편으로 인하여 5년만 거주한 경우 80%의 장기보유특별공제의 적용이 가능한가요?

A8 장기보유특별공제의 계산 시 거주기간은 원칙적으로 세대전원이 실거주한 기간을 적용하지만, 근무상의 형편 등 부득이한 사유로 세대원 일부가 거주하지 못한 기간을 포함할 수 있는 것입니다.

관련지침

- 서면-2020-부동산-4972 [부동산납세과-790], 생산일자: 2023. 03. 24.
  「소득세법」 제95조제2항 표2에 따른 장기보유특별공제 거주기간별 공제액 계산 시, 근무상의 형편 등 부득이한 사유로 세대원 일부가 거주하지 못한 기간을 포함할 수 있는 것입니다.

- 관련 법규: 양도소득금액(「소득세법」 제95조 제1항)

Q9

증여 후 5년이 경과하고 양도할 경우 이월과세가 적용되지 아니할 것으로 판단하여 2019년 1월, 현 거주 아파트를 배우자에게 증여하였습니다. 그런데 2023년 법 개정으로 인하여 이월과세 적용 기간이 10년으로 변경되었다고 들었습니다.

저의 경우 2019년 1월 증여한 아파트를 2024년 9월에 양도할 경우 이월과세가 적용되는가요?

A9

「소득세법」 부칙 〈제19196호, 2022. 12. 31.〉 제18조에 따라, 「소득세법」 제97조의2 제1항의 개정규정(배우자 등 이월과세 특례 적용 시 증여받은 재산의 소급기한을 5년에서 10년으로 확대 적용)에도 불구하고, 이 법 시행 전에 증여받은 재산을 이 법 시행 이후 양도하는 경우에는 종전의 규정을 따르는 것으로,

귀 사례(2019년 1월 증여)의 경우 종전규정(5년) 적용대상에 해당하는 것입니다(즉, 증여받은 날로부터 5년이 경과하여 양도하는 경우 해당 규정 적용대상에 해당하지 않음).

법규다지기

● 「소득세법」 부칙 〈제19196호, 2022. 12. 31〉

제1조(시행일) 이 법은 2023년 1월 1일부터 시행한다. 다만, 다음 각 호의 개정규정은 해당 호에서 정한 날부터 시행한다. 〈개정 2023.12. 31〉

제18조(양도소득의 필요경비 계산 및 부당행위계산에 관한 경과조치) 이 법 시행 전에 증여받은 자산을 이 법 시행 이후 양도하는 경우의 필요경비 계산 및 부당행위 계산에 관하여는 제97조의2 제1항 전단 및 제101조 제2항 각 호 외의 부분 본문의 개정규정(법률 제17757호 소득세법 일부개정법률 제87조의27 제2항의 개정규정에 따라 준용되는 경우를 포함한다)에도 불구하고 종전의 규정에 따른다.

● 관련 법규: 양도소득의 필요경비 계산 특례(「소득세법」 제97조의2)

납세자가 자주 묻는 상담사례 Top 10 – 양도소득세

Q10 상장법인 주식을 본인은 50억 원 이하 1% 이하로 소유하고 있는 바 친동생이 같은 회사법인 주식을 1% 이상 50억 원 이상 소유하고 있는 것으로 확인된 바, 동생은 해당 법인의 최대주주가 아닌것으로 확인하였습니다. 이 경우 본인이 해당 주식을 양도하는 경우 양도소득세 신고대상에 해당하는지요?

A10 대주주의 범위는 주식등의 소유비율 기준과 시가총액 기준 모두 주주 1인과 기타주주가 보유한 주식 등을 합산하여 소유비율 기준(코스피 1%) 및 시가총액기준(50억 원 이상)에 해당하면 주주1인 및 기타주주 모두 대주주에 해당합니다.

다만, 2023년 1월 1일 이후 양도분부터 최대주주가 아닌 경우라면 본인이 소유한 주식등으로만 판단합니다.

즉, 귀 사례의 경우 본인과 친동생 모두 최대주주가 아닌 경우라면 2023년 1월 1일 이후 양도분부터는 대주주 판정 시 각각 본인이 소유한 주식등으로 대주주 여부를 판단합니다.

길라잡이

● 「소득세법 시행령」 제157조 【주권상장법인대주주의 범위 등】

④ 법 제94조 제1항 제3호 가목 1)에서 "대통령령으로 정하는 주권상장법인의 대주주"란 다음 각 호의 어느 하나에 해당하는 자(이하 이 장 및 제225조의2에서 "주권상장법인 대주주"라 한다)를 말한다

1. 주식등을 소유하고 있는 주주 또는 출자자 1인(이하 이 장에서 "주주 1인"이라 한다)이 주식등의 양도일이 속하는 사업연도의 직전 사업연도 종료일 현재 소유한 주식등의 합계액이 해당 법인의 주식등의 합계액에서 차지하는 비율(이하 이 장에서 "소유주식의 비율"이라 한다)이 100분의 1 이상인 경우 해당 주주 1인. 다만, 주식등의 양도일이 속하는 사업연도의 직전 사업연도 종료일 현재 주주 1인 및 그와 「법인세법 시행령」 제43조제8항제1호에 따른 특수관계에 있는 자(이하 이 조에서 "주주 1인등"이라 한다)의 소유주식의 비율 합계가 해당 법인의 주주 1인등 중에서 최대인 경우로서 주식등의 양도일이 속하는 사업연도의 직전 사업연도 종료일 현재 주주 1인 및 주식등의 양도일이 속하는 사업연도의 직전 사업연도 종료일 현재 그와 다음

각 목의 어느 하나에 해당하는 관계에 있는 자(이하 이 장에서 "주권상장법인기타
주주"라 한다)의 소유주식의 비율 합계가 100분의 1 이상인 경우에는 해당 주주 1인
및 주권상장법인기타주주를 말한다.

2. 주식등의 양도일이 속하는 사업연도의 직전 사업연도 종료일 현재 주주 1인이 소유
하고 있는 해당 법인의 주식등의 시가총액이 50억원 이상인 경우의 해당 주주 1인.
다만, 주식등의 양도일이 속하는 사업연도의 직전 사업연도 종료일 현재 주주 1인
등의 소유주식의 비율 합계가 해당 법인의 주주 1인등 중에서 최대인 경우로서 주식
등의 양도일이 속하는 사업연도의 직전 사업연도 종료일 현재 주주 1인 및 주권상장
법인기타주주가 소유하고 있는 주식등의 시가총액이 50억원 이상인 경우에는 해당
주주 1인 및 주권상장법인기타주주를 말한다.

● **관련 법규:** 주권상장법인대주주의 범위 등(「소득세법 시행령」 157조)
「소득세법 시행령」 부칙(제34061호, 2023. 12. 28.)

세금절약 가이드

제3장

상속세 알뜰정보

부모님이 돌아가셨는데 상속세를 내야할까?

부모님이 돌아가시고 나면 상속을 하나도 받지 못하는 사람들도 있겠지만 많은 사람들이 많든 적든 재산을 상속받게 되는데, 이때 상속받은 재산에 대하여 상속세를 내야 하는 건지 아니면 안내도 되는지가 매우 궁금할 것이다.

정부에서는 중산층의 상속세에 대한 불안감을 덜어주고 상속인의 생활안정 및 기초생활 유지를 위하여 상속공제 제도를 채택하고 있는데, 공제해 주는 금액이 크기 때문에 대부분의 사람들에게는 상속세가 과세되지 않고 있다.

구분	2018년	2019년	2020년	2021년	2022년
피상속인 수(명)	356,109	345,290	351,648	344,184	348,159
과세인원 (피상속인 수)(명)	8,002	8,357	10,181	12,749	15,760
과세미달인원 (피상속인 수)(명)	348,107	336,933	341,467	331,435	332,399

【출처】국세통계 6-2-3

예를 들어 부모님 두 분 중 한 분이 돌아가신 경우에는 최소한 10억 원을 공제해 주며, 한 분만 생존해 계시다가 돌아가신 경우에도 최소 5억 원을 공제해 준다. 게다가 돌아가신 분이 부담해야 할 부채가 있으면 이 또한 상속세 계산 시 공제해 준다.

그러므로 상속재산이 배우자(돌아가신 분의 배우자)가 있는 경우에는 10억 원, 배우자가 없는 경우에는 5억 원 이하이면 상속세에 대하여 신경을 쓰지 않아도 된다.

다만, 여기서 5억 원 또는 10억 원은 상속인별로 상속받은 재산에서 각각 공제해 주는 것이 아니라 피상속인(사망한 사람)의 소유재산 합계액에서 한 번만 공제됨에 유의하여야 한다.

피상속인의 소유재산이 5억 원(배우자가 있는 경우에는 10억 원) 이상인 경우나 사전증여재산가액이 있는 경우 또는 상속인 이외의 자가 상속받은 경우가 있는 경우에는 세무전문가와 상담을 해보는 것이 좋다.

왜냐하면 기본적으로 공제해 주는 5억 원 또는 10억 원 외에 피상속인이 부담해야 할 부채나 공과금 등 공제되는 금액이 있을 수 있으며, 사전 증여재산가액 등이 있는 경우에는 상속공제 한도가 적용되어 상속세를 부담하는 경우도 있기 때문이다.

▶ 관련 법규: 「상속세 및 증여세법」 제18조 ~ 제24조

2 상속과 관련된 법률상식

상속세는 민법 중 상속에 관한 규정을 그대로 적용하고 있으므로 상속세를 정확하게 이해하기 위해서는 민법 규정을 이해하는 것이 필요하다.

따라서 이에 대하여 간단히 살펴보고자 한다.

1) 용어의 정의
- 피상속인: 사망한 사람 또는 실종선고 받은 사람
- 상속인: 재산을 상속받을 사람
- 상속개시일: 사망일 또는 실종선고일

2) 상속순위
유언으로 상속인을 지정한 경우에는 유언상속이 우선하며, 유언이 없는 경우에는 민법에서 정한 순위에 따른다.

- 민법상 상속의 순위는 다음과 같다.

우선 순위	피상속인과의 관계	상속인 해당 여부
1순위	직계비속, 배우자	
2순위	직계존속, 배우자	직계비속이 없는 경우 상속인이 된다.
3순위	배우자	직계존비속이 없는 경우 배우자가 단독 상속인이 된다.
4순위	형제자매	1, 2, 3순위가 없는 경우 상속인이 된다.
5순위	4촌 이내 방계혈족	1, 2, 3, 4순위가 없는 경우 상속인이 된다.

- 법정상속인을 결정함에 있어서 같은 순위의 상속인이 여러 명인 때에는 촌수가 가장 가까운 상속인을 우선 순위로 하며, 촌수가 같은 상속인이 여러 명인 때에는 공동상속인이 된다. 예를 들어 직계비속으로 자녀 2인과 손자녀 2인이 있는 경우에는 자녀 2인이 공동상속인이 되고 손자녀는 법정상속인이 되지 못한다.

- 상속순위를 결정할 때 태아는 이미 출생한 것으로 본다.

Q Guide   배우자 상속순위

배우자는 1순위인 직계비속과 같은 순위로 공동상속인이 되며, 직계비속이 없는
경우에는 2순위인 직계존속과 공동상속인이 된다. 직계비속과 직계존속이 모두
없는 경우에는 배우자가 단독상속인이 된다.

3) 상속지분(相續持分)

피상속인은 유언에 의하여 공동상속인의 상속분을 지정할 수 있으며
(지정상속), 유언으로 상속분을 지정하지 아니한 경우에는 민법에
규정된 법정상속분에 따라 상속재산을 분할한다.

Q Guide   법적상속분

같은 순위의 상속인이 여러 명인 때에는 상속분이 동일한 것으로 하며, 배우자의
상속분은 직계비속과 공동으로 상속하는 때에는 직계비속의 상속분에 5할을
가산하고, 직계존속과 공동으로 상속하는 때에도 직계존속의 상속분에 5할을
가산한다.

◆ 법정상속분의 예시

구 분	상속인	상속분	비 율
자녀 및 배우자가 있는 경우	장남과 배우자만 있는 경우	장남 1	2/5
		배우자 1.5	3/5
	장남, 장녀, 배우자만 있는 경우	장남 1	2/7
		장녀 1	2/7
		배우자 1.5	3/7
	장남, 장녀, 차남, 차녀, 배우자가 있는 경우	장남 1	2/11
		장녀 1	2/11
		차남 1	2/11
		차녀 1	2/11
		배우자 1.5	3/11
자녀는 없고 배우자와 직계존속만 있는 경우	부모와 배우자만 있는 경우	부 1	2/7
		모 1	2/7
		배우자 1.5	3/7

🔍 Guide   유류분(遺留分) 제도

유언에 의하여 재산을 상속하는 경우 피상속인의 의사가 지나치게 감정에 치우치게 되면 여러 사람의 상속인 중 한 사람에게만 재산을 상속하거나 타인에게 전 재산을 유증(유언에 의한 재산증여)함으로써 사회적으로 바람직하지 못한 상황이 발생할 수 있다.

그래서 민법에서는 각 상속인이 최소한도로 받을 수 있는 상속분을 법으로 정하고 있는데 이를 '유류분'이라고 한다.

상속권 있는 상속인의 유류분은 다음과 같다.

• 피상속인의 배우자 및 직계비속 : 법정상속분의 1/2
• 피상속인의 직계존속 및 형제자매 : 법정상속분의 1/3

▶ 관련 법규 : 「민법」 제1000조, 제1009조, 제1112조

3 상속세 세금계산 구조

국세청
www.nts.go.kr

상속세 세금계산 구조는 직접적인 절세방안은 아니나 어떤 것이 상속재산에 포함되는지, 비과세 및 공제사항에는 어떤 것이 있는지 등을 알고 이를 잘 활용하면 절세전략을 세우는데 도움이 되므로 간단히 소개하고자 한다.

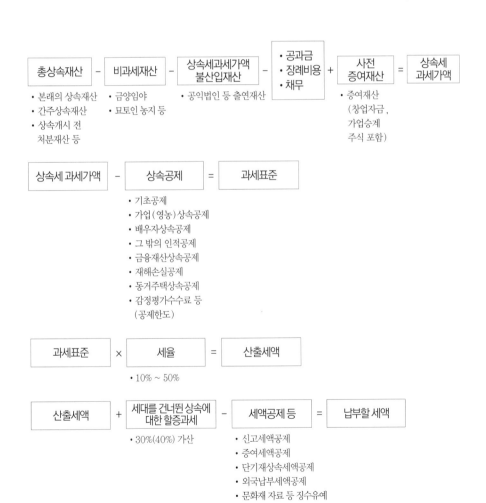

총상속재산
- 본래의 상속재산
- 간주상속재산
- 상속개시 전 처분재산 등

−

비과세재산
- 금양임야
- 묘토인 농지 등

−

상속세과세가액 불산입재산
- 공익법인 등 출연재산

−

- 공과금
- 장례비용
- 채무

+

사전 증여재산
- 증여재산 (창업자금, 가업승계 주식 포함)

=

상속세 과세가액

상속세 과세가액 **−** **상속공제** **=** **과세표준**

상속공제
- 기초공제
- 가업(영농)상속공제
- 배우자상속공제
- 그 밖의 인적공제
- 금융재산상속공제
- 재해손실공제
- 동거주택상속공제
- 감정평가수수료 등 (공제한도)

과세표준 **×** **세율** **=** **산출세액**

세율
- 10% ~ 50%

산출세액 **+** **세대를 건너뛴 상속에 대한 할증과세** **−** **세액공제 등** **=** **납부할 세액**

세대를 건너뛴 상속에 대한 할증과세
- 30%(40%) 가산

세액공제 등
- 신고세액공제
- 증여세액공제
- 단기재상속세액공제
- 외국납부세액공제
- 문화재 자료 등 징수유예

4 상속재산보다 부채가 많은 경우에는 상속을 포기하는 것이 유리하다.

상속이 개시되면 피상속인의 재산상의 모든 권리와 의무는 상속인의 의사와는 관계없이 법률상 모두 상속인이 물려받게 된다.

상속재산이 부채보다 많다면 별 문제가 없으나, 부채가 상속 재산보다 많은 경우에도 상속인의 의사를 무시하고 자산과 부채를 모두 상속인에게 승계시킨다면 이는 매우 가혹한 일이다. 왜냐하면 상속재산으로 피상속인의 채무를 전부 갚지 못하므로 상속인 본인의 고유재산으로 갚아야 하기 때문이다.

따라서 민법에서는 상속포기제도를 두어 상속인을 보호하고 있다.

● 상속포기

상속을 포기하고자 하는 경우에는 상속개시가 있음을 안 날부터 3개월 내에 가정법원에 상속포기 신고를 해야 한다. 그러나 이 기간은 이해관계인 또는 검사의 청구에 의하여 가정법원이 연장할 수 있다.

공동상속의 경우에도 각 상속인은 단독으로 상속을 포기할 수 있다.

상속을 포기하면 처음부터 상속인이 아니었던 것으로 된다.

즉, 피상속인의 재산상의 모든 권리와 의무는 상속을 포기한 자에게는 승계되지 아니한다. 포기한 상속분은 다른 상속인의 상속분의 비율로 그 상속인에게 귀속된다.

● 한정승인

상속재산으로 자산이 많은지 부채가 많은지 불분명한 때에는 상속으로 인하여 취득할 재산의 한도 내에서 피상속인의 채무를 변제할 것을 조건으로 상속을 승인할 수 있는데 이를 '한정승인'이라 한다.

따라서 한정승인을 하게 되면 상속재산보다 부채가 많다 하더라도 상속인 본인의 고유재산을 처분하면서까지 피상속인의 채무를 변제하지 않아도 된다.

상속인이 한정승인을 하고자 하는 경우에도 상속개시가 있음을 안 날부터 3개월 이내에 상속재산의 목록을 첨부하여 상속개시지의 가정법원에 한정승인의 신고를 하여야 한다.

다만, 상속인에게 중대한 과실이 없이 상속채무가 상속재산을 초과하는 사실을 상속개시일로부터 3개월 이내에 알지 못한 경우에는 그 사실을 안 날부터 3개월 이내에 한정승인을 할 수 있다.

상속포기나 한정승인은 직접적으로 상속세를 절세하는 방법은 아니나 상속재산보다 부채가 많은 경우에는 상속포기나 한정승인 제도를 이용하면 상속인의 재산을 보호할 수 있다.

▶ 관련 법규: 「민법」 제1019조, 제1028조, 제1030조, 제1041조

5 피상속인의 금융재산이나 부동산을 모를 때는 안심상속 원스톱 서비스를 이용하자.

불의의 사고로 피상속인이 갑자기 사망하였거나 별거하고 있다가 사망한 경우에는 상속인이 피상속인의 재산에 대해서 정확히 알 수 없는 경우가 있다.

특히, 화재사고가 발생하여 예금통장 등이 타버린 경우에는 상속인의 금융재산 등을 파악하는데 더욱 어려움이 많을 것이다.

더구나 상속인들은 피상속인이 보유하고 있는 부동산 및 금융재산 등에 대하여 상속개시일이 속하는 달의 말일로부터 6개월 이내에 상속세를 신고·납부하도록 되어 있어, 고의성이 없어도 상속재산의 행방을 몰라 부득이하게 상속세를 적기에 납부하지 못하는 사태가 벌어질 수 있다.

이런 경우에는 행정안전부에서 상속인들에게 제공하는 안심상속 원스톱 서비스를 활용할 수 있다.

행정안전부에서는 상속인이 피상속인의 금융거래, 토지, 건축물, 자동차, 세금 등의 확인을 개별기관을 일일이 방문하지 않고 한 번의 통합신청으로 문자·온라인·우편 등으로 결과를 확인하는 안심상속 원스톱 서비스를 제공하고 있다.

◆ 신청자격 및 이용절차

• **신청자격**
  - 민법상 제1순위 상속인(직계비속, 배우자)
    ※ 단, 제1순위 상속인이 없는 경우는 2순위 상속인(직계존속, 배우자) 신청 가능
    ※ 1·2순위가 없는 경우는 3순위(형제자매) 신청 가능(증명서류 필요)
  - 대습상속인
  - 실종선고자의 상속인

• **신청방법**
  - 사망신고 할 때 가까운 시청이나 구청, 읍·면·동 주민센터 방문하여 신청 또는 온라인 신청(정부24: www.gov.kr)
    ※ 민원서비스 → 원스톱서비스 → 안심상속 클릭
  - 사망신고 이후에 신청할 경우에는 사망일이 속한 달의 말일부터 1년 이내 신청 가능

• **구비서류**
  - 상속인이 신청할 경우에는 상속인 본인의 신분증 지참
  - 대리인이 신청할 경우에는 대리인의 신분증, 상속인의 위임장, 상속인의 본인서명사실확인서(또는 인감증명서) 지참
  - 사망신고 이후에 신청할 경우에는 가족관계증명서 제출
    ※ 온라인 신청의 경우, 공인인증서 필요

◆ 조회내용

• **금융거래**
  - 은행, 농협, 수협, 신협, 산림조합, 새마을금고, 상호저축은행, 보험회사, 증권회사, 자산운용사, 선물회사, 카드사, 리스사, 할부금융회사, 캐피탈, 은행연합회, 예금보험공사, 예탁결제원, 신용보증기금, 기술신용보증기금, 주택금융공사, 한국장학재단, 서민금융진흥원,

한국자산관리공사, 우정사업본부, 종합금융회사, 대부업 신용정보 컨소시엄 가입 대부업체

- **국세**: 국세 체납액 및 납부기한이 남아있는 미납 국세, 환급세액
- **연금**: 국민연금 · 공무원연금 · 사립학교교직원연금, 군인연금 가입유무
- **토지 · 건축물**: 개인별 토지 · 건축물 소유 현황
- **지방세**: 지방세 체납내역 및 납부기한이 남아있는 미납 지방세, 환급세액
- **자동차**: 자동차 소유내역
- **건설근로자퇴직공제금**: 건설근로자퇴직공제금 가입여부

◆ 조회결과 확인방법
- 상속인이 사망자 재산조회 통합처리 신청서에 기입한 조회결과 확인방법에 따라 안내
- 자동차 정보는 접수 시, 토지 · 건축물 · 지방세 정보는 7일 이내, 금융 · 국세 ·(국민 · 공무원 · 사학 · 군인)연금 정보는 20일 이내에 결과를 확인
  - 금융 거래, 국민연금: 각 기관의 누리집에서 조회
    - 금융감독원: www.fss.or.kr
    - 국민연금공단: www.nps.or.kr
  - 국세(국세청): 국세청 홈택스(www.hometax.go.kr)에서 조회
  - 토지, 건축물, 지방세, 자동차: 직접 방문수령, 우편, 문자(SMS) 중 선택
    ※ 정부24의 경우: 문자(SMS), 우편, 방문수령 가능

세무서에서 상속세를 결정할 때는 피상속인의 금융자산이나 부동산 등을 조회하여 신고누락 여부를 검증하고 있으므로 신고할 때 누락하면 안 물어도 될 가산세(무신고 ·과소신고가산세 10%~40%, 납부지연 가산세 1일 0.022%)를 물게 된다.

그러므로 피상속인이 금융회사와 거래를 한 것으로 판단되거나 의심되는 부동산이 있을 경우에는 금융감독원이나 국토교통부(지방자치단체 지적부서)에 조회하여 상속 재산과 부채를 정확히 파악함으로써 공제받을 수 있는 부채를 공제받지 않는다든가, 안 물어도 될 가산세를 무는 일이 없도록 하자.

▶ 출처: 사망자 및 피후견인 등 재산조회 통합처리에 관한 기준
　　　 (행정안전부 예규 제42호)

6 상속세는 피상속인이 사망 당시에 가지고 있는 재산만 신고를 하면 된다?

사망일 전 2년 이내에 부동산을 처분하거나 예금을 인출하게 된 경우로 사망일 전 2년 이내에 5억 원 이상, 1년 이내에 2억 원 이상의 부동산을 처분 또는 예금을 인출하게 된 경우에는 그 처분(인출)가액의 사용처를 밝혀야 한다.

실제로 상속인들이 가장 많이 놓치는 부분이 바로 이 부분이다. 많은 이들이 사망일 당시 피상속인이 가지고 있는 재산에 대해서만 상속세가 과세된다고 오해를 하고 있다. 하지만 피상속인이 사망일 전에 처분한 재산 중 사용처를 밝히지 못하는 부분도 상속재산에 포함될 수도 있다는 것을 알아 두자.

예를 들어 아버지가 사망한 이후, 상속세 신고를 위해 상속재산을 정리하던 중 아버지가 사망하기 6개월 전에 3억 원짜리 아파트 1채를 처분하고, 은행 예금에서 1억 원을 인출하신 사실을 알게 되었다. 그러나 아파트 처분대금과 예금 인출대금을 어떻게 사용하셨는지 알 수가 없는데 상속세 신고를 할 때, 어떻게 해야 할까?

예금인출한 1억 원은 사망하기 전 1년 이내 2억 원 미만에 해당하므로 사용처 소명대상이 아니나, 부동산처분금액인 3억 원은 사망하기 전 1년 이내 2억 원 이상에 해당하므로 사용처 소명대상에 해당하여 추정상속재산에 해당된다.

따라서, 아버지가 어느 정도 연세가 있다면 부동산 등을 처분하는 경우 처분대금에 대한 사용처, 사용일자 등을 기록하고 증빙을 보관하는 것이 세금 문제에 있어 유리하다.

▶ 관련 법규 : 「상속세 및 증여세법」 제15조,
　　　　　　 「상속세 및 증여세법 시행령」 제11조

7 상속재산에 어떤 것이 있는지 알아보자.

상속세는 사망을 원인으로 하는 세금이기 때문에 주기적으로 부담하는 부가가치세나 소득세와 달리 접할 수 있는 기회가 많지 않은 세금이다. 이 때문에 피상속인이 어떤 재산을 갖고 있는 경우 상속세 신고를 해야 하는지 잘 모르는 경우가 많다.

상속세 과세대상이 되는 상속재산은 본래의 상속재산과 간주상속재산, 추정상속재산으로 구분된다.

◆ 본래의 상속재산

본래의 상속재산은 피상속인이 사망할 당시 소유하고 있는 재산으로서 부동산, 주식 등과 같이 금전으로 환산이 가능한 경제적 가치가 있는 물건과 특허권, 저작권 등과 같이 재산적 가치가 있는 법률상·사실상의 권리 등이 있다.

◆ 간주상속재산

간주상속재산에는 보험금, 신탁재산, 퇴직금 등이 해당된다. 간주상속재산은 본래의 상속재산은 아니지만, 그 재산을 취득한 결과 상속으로 취득하는 경우와 동일한 경제적 이익이 발생하기 때문에 조세회피방지, 실질과세, 과세형평을 위해 상속재산에 포함하고 있다.

◆ 추정상속재산

피상속인이 사망하기 전에 재산을 처분하거나 예금을 인출하여 현금을 직접 증여하는 등 변칙적인 방법으로 상속세를 회피할 가능성이 높아, 이러한 행위를 방지하기 위하여 피상속인이 사망하기 전 일정한 기간 내에 소유 재산을 처분하거나 예금을 인출 또는 채무를 부담한 경우 그 금액이 일정 금액 이상인 경우에는 상속인에게 자금의 사용처를 입증하도록 하고 있다.

이에 따라 상속인이 사용처를 소명한 결과, 입증하지 못한 금액에서 일정 금액을 차감한 금액은 상속인이 현금으로 상속받은 것으로 추정하여 상속세 과세가액에 산입하는데, 이를 추정상속재산이라 한다.

▶ 관련 법규: 「상속세 및 증여세법」 제3조, 제8조~제10조, 제15조
「상속세 및 증여세법 시행령」 제4조~제6조, 제11조

8 상속 · 증여재산에 대한 평가의 원칙은 시가이다.

부동산 등 재산을 상속이나 증여받을 때, 그 재산의 평가액이 얼마인지에 따라 납세자가 부담할 세액이 결정된다. 따라서, 재산을 어떻게 얼마의 가치로 평가하는지가 중요한 문제이다.

상속이나 증여재산을 평가할 때는 시가로 평가하는 것이 원칙이며, 세법에서는 '상속세 또는 증여세가 부과되는 재산의 가액은 상속개시일 또는 증여일 현재의 시가에 따른다.'라고 규정하고 있다.

시가란 불특정 다수인 사이에 자유롭게 거래가 이루어지는 경우에 통상적으로 성립된다고 인정되는 가액을 말하는데, 시가에는 해당 재산의 실제 매매가액 이외에도 감정, 수용, 공매 또는 경매가액도 포함된다.

세법에서는 재산평가 시점을 상속개시일 또는 증여일로 정하고 있으며, 상속재산의 경우에는 상속개시일 전·후 6개월, 증여재산의 경우에는 증여일 전 6개월, 후 3개월 이내에 매매, 감정, 수용, 공매 또는 경매가 있는 경우 그 확인되는 가액을 시가로 인정한다.

※ 평가기간 외에도 시가로 인정하는 경우(「상증법 시행령」 제49조 제1항 단서)

① 평가기준일 전 2년 이내의 기간 중에 매매 등*이 있는 경우
② 평가기간 경과 후부터 법정결정기한까지의 기간 중에 매매 등이 있는 경우

위 ①, ②의 경우로서 납세자 또는 지방국세청장·세무서장이 신청하는 때에는 평가심의위원회의 심의를 거쳐 해당 매매 등의 가액을 시가로 인정할 수 있다.

* 매매 등: 매매·감정·수용·경매 또는 공매

○ 해당 재산에 대해 매매사실이 있는 경우에는 그 거래가액. 이 경우 특수관계인과의 거래 등 그 거래가액이 객관적으로 부당하다고 인정되는 경우 등에는 제외

○ 해당 재산(주식 및 출자지분은 제외)에 대하여 2 이상의 공신력 있는 감정기관*이 평가한 감정가액이 있는 경우에는 그 감정가액의 평균액
  * 10억 원 이하의 부동산의 경우 하나 이상의 감정기관

○ 해당 재산에 대하여 수용·경매 또는 공매 사실이 있는 경우에는 그 보상가액·경매가액 또는 공매가액. 이 경우 물납한 재산을 상속인 또는 그와 특수관계인이 경매 또는 공매로 취득한 가액은 시가로 보지 않음

○ 평가대상 재산과 면적 · 위치 · 용도 및 기준시가가 동일하거나 유사한 다른 재산의
매매 · 감정 · 수용 · 경매 또는 공매 등의 가액

상속이나 증여재산을 평가할 때는 시가로 하는 것이 원칙이지만 시가를
산정하기 어려운 경우가 있을 수 있다.

세법에서는 이와 같은 문제를 보완하기 위하여 평가해야 할 재산의 시가를
산정하기 어려운 경우에는 재산 종류별로 평가할 수 있는 방법을 규정하고 있다.

〈 주요 재산 종류별 평가 방법 〉

구 분	평가 방법
토 지	개별공시지가 • 인터넷 www.realtyprice.kr 〉 개별공시지가
주 택	개별주택가격, 공동주택가격 • 인터넷 www.realtyprice.kr 〉 개별단독주택 공시가격, 공동주택 공시가격
오피스텔 및 상업용건물	상업용건물/오피스텔 기준시가 다만, 고시된 기준시가가 없을 경우 일반건물 평가방법으로 산정 • 국세청 홈택스 (www.hometax.go.kr) 〉 상담 · 고충 · 제보 · 기타 〉 기타 〉 기준시가조회 〉 오피스텔 및 상업용건물
일반건물	국세청장이 고시하는 건물 기준시가 산정방법에 따라 평가 • 국세청 홈택스 (www.hometax.go.kr) 〉 상담 · 고충 · 제보 · 기타 〉 기타 〉 기준시가조회 〉 건물기준시가(상속 · 증여)
임대차계약이 체결된 부동산 등	사실상 임대차 계약이 체결되거나, 임차권이 등기된 부동산의 경우 토지의 개별공시지가 및 건물의 기준시가와 1년간 임대료를 환산율(12%)로 나눈 금액에 임대보증금을 합계한 금액을 토지와 건물별로 비교하여 큰 금액
코스피 · 코스닥 상장주식	평가기준일 이전 · 이후 각 2월간에 공표된 매일의 거래소 최종 시세가액의 평균액
비상장주식	1주당 순손익가치와 순자산가치를 각각 3과 2의 비율로 가중평균한 가액
가상자산	평가기준일 전 · 이후 각 1개월 동안에 해당 가상자산사업자가 공시하는 일평균가액의 평균액 • 국세청홈택스 (WWW.hometax.go.kr) 〉 세금신고 〉 신고도움자료 〉 가상자산 일평균 가격조회
저당권 등이 설정된 재산	저당권, 담보권 등이 설정된 재산은 당해 재산이 담보하는 채권액을 시가 또는 보충적 평가가액과 비교하여 큰 금액

▶ 관련 법규: 「상속세 및 증여세법」 제60조, 「상속세 및 증여세법 시행령」 제49조

9

생명보험금과 퇴직금 등도 상속재산으로 볼 수 있다.

흔히 상속재산이라 하면 상속개시 당시 피상속인이 소유하고 있던 부동산이나 예금 등만 해당되는 것으로 알고 있는 경우가 많은데, 상속세 및 증여세법에서는 위와 같은 본래의 상속재산뿐만 아니라 다음과 같은 생명보험금 및 퇴직금 등도 상속재산으로 간주하고 있다.

● 생명보험금

피상속인의 사망으로 인하여 지급 받는 생명보험 또는 손해보험의 보험금으로서 피상속인이 보험계약자가 된 보험계약에 의하여 지급 받는 것은 상속재산으로 본다.

보험계약자가 피상속인이 아니더라도 피상속인이 사실상 보험료를 지불하였을 때에는 피상속인을 보험계약자로 보아 이를 상속재산으로 본다.

이 때 상속재산으로 보는 보험금의 가액은 아래와 같이 계산한 금액으로 한다.

$$\text{상속재산으로 보는 보험금} = \text{보험금 수령액} \times \frac{\text{피상속인이 부담한 보험료 합계액}}{\text{피상속인의 사망 시까지 불입된 보험료의 총합계액}}$$

● 퇴직금 등

퇴직금 · 퇴직수당 · 공로금 · 연금 · 기타 이와 유사한 것으로서 피상속인에게 지급될 것이 피상속인이 사망함으로 인하여 상속인에게 지급되는 것은 상속재산으로 본다.

다만, 국민연금법 · 공무원연금법 · 사립학교교직원연금법 · 군인연금법 등의 규정에 따라 지급 받는 유족연금 · 유족일시금 · 유족보상금 등은 상속재산으로 보지 아니한다.

● 신탁재산

피상속인이 신탁한 재산도 상속재산으로 본다. 다만, 신탁의 이익을 받을 권리를 다른 사람이 소유하고 있는 경우에는 그 이익에 상당하는 가액은 상속재산에서 제외한다.

위와 같은 재산은 상속이라는 법률상 원인에 의하여 취득한 재산은 아니지만, 그 재산의 취득 결과가 상속으로 인해 취득한 것과 같은 결과를 나타내므로 상속세 및 증여세법에서는 이를 상속재산으로 간주하고 있다.

상속세를 신고할 때는 위와 같은 간주상속재산도 빠짐없이 챙겨서 신고하는 것이 좋다. 왜냐하면 상속세를 신고하지 않거나 신고해야 할 금액보다 적게 신고한 경우에는 10%~40%의 무신고 · 과소신고가산세를 물어야 하고, 납부까지 하지 않으면 내야 할 세금의 1일 0.022%를 가산세로 또 물어야 하기 때문이다.

> ▶ 관련 법규: 「상속세 및 증여세법」 제8조, 제9조, 제10조

10 상속재산을 공익법인에 출연하려거든 신고기한 내에 출연해야 한다.

요즈음은 평생 모은 재산을 자식에게 전부 물려주기보다는 장학재단을 설립하거나 학교에 기부하는 사례가 늘고 있다.

상속의 경우에도 피상속인이 유언으로 상속재산의 전부 또는 일부를 공익법인에 출연하도록 하는 경우가 있는데, 이러한 경우 세금문제는 어떻게 될까?

상속세 및 증여세법에서는 "피상속인 또는 상속인이 종교·자선·학술 그 밖의 공익을 목적으로 하는 사업을 하는 자(공익법인 등)에게 출연한 재산에 대하여는 상속세 신고기한 내에 출연한 경우에 한하여 상속세 과세가액에 산입하지 아니한다"고 규정하고 있다.

그러므로 공익법인 등에 상속재산을 출연하고자 한다면 상속세 신고기한 (상속개시일이 속하는 달의 말일부터 6월) 내에 출연하여 세금을 절감하도록 하자.

한편, 정부에서는 공익법인에 대한 사후관리를 통해, 상속인이 재산을 출연한 공익법인 등의 이사 현원의 1/5을 초과하여 이사가 되거나 이사의 선임 기타 사업운영에 관한 중요사항을 결정할 권한을 가지고 있는 경우에는 공익법인에 재산을 출연했더라도 상속세를 과세하고 있다.

따라서 공익법인에 재산을 출연할 때에는 요건을 충분히 검토한 후 그 요건에 맞추어 출연해야 한다. 공연히 상속세를 줄여 보겠다고 공익사업에 출연하는 것으로 위장하였다가는 나중에 과소신고가산세 등을 추가적으로 부담하는 경우가 발생할 수도 있다.

Q Guide '공익법인 등'이라 함은 다음과 같은 사업을 영위하는 개인 또는 법인을 말한다.

① 종교의 보급, 기타 교화에 현저히 기여하는 사업

② 「초·중등교육법」 및 「고등교육법」에 의한 학교 및 「유아 교육법」에 따른 유치원을 설립·경영하는 사업

③ 「사회복지사업법」의 규정에 의한 사회복지법인이 운영하는 사업

④ 「의료법」에 따른 의료법인이 운영하는 사업

⑤ 「법인세법」 제24조제2항제1호에 해당하는 기부금을 받은 자가 해당 기부금으로 운영하는 사업

⑥ 「법인세법 시행령」 제39조제1항제1호 각목의 규정에 의한 지정 기부금단체 등 및 「소득세법 시행령」 제80조제1항제5호에 따른 기부금대상 민간단체가 운영하는 고유목적사업. 다만, 회원의 친목 또는 이익을 증진시키거나 영리를 목적으로 대가를 수수하는 등 공익성이 있다고 보기 어려운 고유목적사업은 제외한다.

⑦ 「법인세법 시행령」 제39조제1항제2호 다목에 해당하는 기부금을 받는 자가 해당 기부금으로 운영하는 사업. 다만, 회원의 친목 또는 이익을 증진시키거나 영리를 목적으로 대가를 수수하는 등 공익성이 있다고 보기 어려운 고유목적사업은 제외한다.

▶ 관련 법규: 「상속세 및 증여세법」 제16조, 「상속세 및 증여세법 시행령」 제12조

11 상속재산 중에 상속세가 비과세되는 금양임야나 묘토인 농지가 포함되어 있는지 살펴보자.

상속재산 중에 선산이나 조상들의 묘지가 있는 농지가 포함되어 있는 경우 다음과 같은 요건을 충족하는 금양임야와 묘토인 농지에 대하여는 상속세가 과세되지 않는다. 다만, 금양임야와 묘토인 농지의 재산가액의 합계액이 2억 원을 초과하는 경우에는 2억 원 까지만 비과세 된다.

● 금양임야(禁養林野)

'금양임야'란 묘지를 보호하기 위하여 벌목을 금지하고 나무를 기르는 묘지 주변의 임야를 말하는 것으로서, 다음과 같은 요건을 충족하여야 한다.

- 피상속인이 제사를 모시고 있던 선조의 분묘(무덤) 주변의 임야 이어야 한다.
- 제사를 주재하는 상속인(공동으로 제사를 주재하는 경우에는 그 공동 상속인 전체)을 기준으로 9,900 ㎡까지만 비과세 된다.

● 묘토(墓土)인 농지

'묘토'라 함은 묘지와 인접한 거리에 있는 것으로서 제사를 모시기 위한 재원으로 사용하는 농지를 말하며, 다음과 같은 요건을 충족하여야 한다.

- 피상속인이 제사를 모시고 있던 선조의 묘제(산소에서 지내는 제사)용 재원으로 사용하는 농지이어야 한다.
- 제사를 주재하는 자에게 상속되어야 한다.
- 제사를 주재하는 상속인을 기준으로 1,980 ㎡ 까지만 비과세 된다.

선산이 있는 집안의 종손이 상속을 받는 경우에는 상속세 비과세 요건을 갖춘 금양임야 및 묘토에 해당되는 상속재산이 있는 경우가 많이 있으며, 특히 선산이 대도시 주변에 있는 경우에는 최대 2억 원까지 상속재산 가액에서 비과세 받을 수 있다.

따라서 상속재산 중에 조상의 무덤이 있는 선산이 포함되어 있는 경우에는 최소한 비과세대상 면적만이라도 제사를 주재하는 자에게 상속을 해주어 세금을 절감하도록 하자.

▶ 관련 법규: 「상속세 및 증여세법」 제12조
　　　　　　「상속세 및 증여세법 시행령」 제8조

12

사망하기 1~2년 전에 재산을 처분하거나 예금을 인출하는 경우에는 사용처에 대한 증빙을 철저히 갖추어 놓아야 한다.

사업가로서 50억대 재산을 소유하고 있는 최갑부 씨는 오랜 지병으로 얼마 살지 못할 것 같자 자녀들에게 부담을 주지 않기 위해 상가건물을 20억 원에 처분하여 그 중 12억 원은 거래처 채무변제 및 병원비 등으로 지출하고 나머지는 4 자녀에게 2억 원씩 나누어 주었다.

그로부터 몇 달 후에 최갑부 씨는 사망하였으며, 자녀들은 상속받은 재산에 대해서만 상속세를 신고하였다.

그런데 얼마 후 지방국세청에서 상속세 조사를 나와 상가건물 처분 대금을 어디에 사용하였는지 소명해 줄 것을 요구하였으나 자녀들은 내용을 잘 모를 뿐만 아니라 증빙도 갖추어 놓지 않아 소명을 하지 못하여 약 10억 원에 가까운 상속세를 추징당하였다.

이와 같은 세금을 물지 않기 위해서는 어떻게 해야 하나?

대부분의 사람들은 상속세는 상속개시(사망) 당시 피상속인이 소유하고 있던 재산을 상속하는 경우에만 내는 것으로 알고 있으나, 상속세 및 증여세법에서는 상속개시 전에 재산을 처분하여 과세자료가 쉽게 드러나지 않는 현금으로 상속인에게 증여하거나 상속함으로써 상속세를 부당하게 감소시키는 것을 방지하기 위하여 상속개시 전 일정기간 내에 일정한 금액 이상을 처분하고 처분금액의 용도가 명백하지 아니한 경우에는 상속세를 과세하도록 규정하고 있다.

● 상속재산으로 보는 경우

피상속인이 재산을 처분하여 받거나 피상속인의 재산에서 인출한 금액이 재산종류별로 구분하여

- 상속개시일 전 1년 이내에 2억 원 이상이거나 2년 이내에 5억 원 이상인 경우로서
- 용도가 객관적으로 명백하지 아니한 경우에는 이를 상속인이 상속받은 재산으로 본다.

위에서 1년 이내에 2억 원(2년 이내 5억 원) 여부 판단은 해당 기간 동안에 실제 영수한 금액으로 판단하고, 예금의 경우는 피상속인의 예금계좌에서 인출된 금액의 합계액에서 피상속인의 예금계좌에 재입금된 금액을 차감한 금액을 기준으로 판단하되, 예금계좌가 여러 개인 경우에는 이를 합산하여 적용한다.

상속개시 전 처분재산의 용도를 밝혀야 하는 대상이 상속개시 전 1년 내 2억 원(또는 2년 내 5억 원) 이상이므로 이에 해당되지 않는 경우 즉, 상속개시 전 1년 이내에 2억 원에 미달하거나 2년 이내에 5억 원에 미달하는 경우에는 용도를 밝히지 않아도 된다.

다만, 1년 내 2억 원, 2년 내 5억 원에 미달한다 하더라도 처분대금 등이 상속인에게 증여된 사실이 명백한 경우에는 그러하지 아니한다.

'재산종류별'이라 함은 다음과 같이 구분한 것을 말한다.

- 현금 · 예금 및 유가증권
- 부동산 및 부동산에 관한 권리
- 기타 재산

객관적으로 용도가 명백하지 아니한 경우란 다음에 해당하는 것을 말한다.

- 피상속인이 재산을 처분하거나 피상속인의 재산에서 인출한 금액을 지출한 거래상대방이 거래증빙의 불비 등으로 확인되지 아니하는 경우
- 거래상대방이 금전 등의 수수사실을 부인하거나 거래상대방의 재산 상태 등으로 보아 금전 등의 수수사실이 인정되지 아니하는 경우
- 거래상대방이 피상속인과 특수관계에 있는 자로서 사회통념상 지출 사실이 인정되지 않는 경우
- 피상속인이 재산을 처분하고 받은 금전 등으로 취득한 다른 재산이 확인되지 아니하는 경우
- 피상속인의 연령 · 직업 · 경력 · 소득 및 재산상태 등으로 보아 지출 사실이 인정되지 아니하는 경우

● 객관적으로 용도가 명백하지 아니한 경우

피상속인이 상속개시 전에 처분한 재산의 사용처를 상속인이 정확하게 밝히는 것은 현실적으로 매우 어렵다.

따라서 상속세 및 증여세법에서는 소명하지 못한 금액 전부를 상속재산으로 보는 것이 아니라, 사용처 미소명금액에서 처분재산가액의 20%와 2억 원 중 적은 금액을 차감한 금액을 상속세 과세가액에 산입하도록 하고 있다.

예를 들어 처분재산가액이 10억 원인 경우로서 사용처 미소명금액이 3억 원인 경우에는 1억 원만 상속세 과세가액에 산입한다.

※ 3억 원 − MIN(10억 원 × 20%, 2억 원) = 1억 원

그러므로 상속개시 전 처분재산이 1년 이내에 2억 원 이상이거나 2년 이내에 5억 원 이상인 경우에는 반드시 사용처에 대한 증빙을 확보해 두어야 한다. 특히 거래상대방이 피상속인과 특수관계에 있는 자인 경우에는 금융기관을 통하여 대금을 주고 받고 무통장입금증 등 객관적인 증빙을 확보해 두어야 인정을 받기 쉽다.

▶ 관련 법규: 「상속세 및 증여세법」 제14조, 제15조
　　　　　　「상속세 및 증여세법 시행령」 제10조, 제11조

13

중소법인의 대표자가 법인과 금전거래를 하는 경우에도 자금의 사용처에 대한 증빙을 철저히 갖추어 놓자.

조그만 중소기업을 운영하고 있는 정 사장은 회사의 자금사정이 어려울 때마다 개인적으로 사채 등을 빌려 일시적으로 사용한 후 변제하곤 하였다.

그러던 중 정 사장이 심장마비로 갑자기 사망하게 되었으며, 유족들은 사망당시 정 사장이 소유하고 있던 재산에 대해서 상속세를 신고하고 세금까지 납부하였다.

그런데 얼마 후 세무서에서 상속세 조사를 하면서 정 사장이 사망하기 전 2년 이내에 회사에 자금을 빌려주었다가 회수한 금액의 합계액에서 회사에 빌려 준 금액의 합계액을 차감한 순 가수금 반제금액이 약 7억 원에 달하므로 회수한 자금의 사용처를 소명해야 한다는 것이 아닌가?

평소 회사와 관련한 업무는 정 사장이 혼자서 처리하였으므로 상속인들은 그 내용을 알지 못해 사용처를 밝히지 못하자, 세무서에서는 이 금액도 상속재산으로 보아 상속세를 추징한다고 한다.

이와 같이 사실상 상속받지 않은 것에 대해서도 상속세를 물어야 하나?

상속세 및 증여세법에서는 상속세 부담을 부당히 감소시키기 위해 소유 재산을 처분하여 상속인들에게 미리 분배하거나 현금 등 세무관서에서 포착하기 어려운 자산형태로 전환하여 상속하는 것을 방지하기 위해, 피상속인이 재산을 처분하거나 금융회사 등에 부담한 채무의 합계액이

- 상속개시일 전 1년 이내에 2억 원 이상인 경우와
- 상속개시일 전 2년 이내에 5억 원 이상인 경우로서

용도가 객관적으로 명백하지 아니한 경우에는 이를 상속인이 상속받은 것으로 추정하고 있다.

위 사례의 경우 정 사장이 회사에 자금을 빌려준 것은 채권이 발생한 것이 되고, 자금을 회수(회사에서는 대표이사 가수금을 반제한 것으로 처리)한 것은 자산(채권)을 처분한 것으로 된다. 따라서 회사에서 가수금을 반제 처리한 것에 대해서는 그 금액의 사용처를 밝혀야 상속재산에서 제외될 수 있다.

통상 개인업체와 유사한 중소법인의 경우 회사의 자금이 부족하면 대표이사가 일시적으로 자금을 융통하여 쓴 후 나중에 갚곤 하는데, 회사의 회계담당자나 가족은 어디에서 자금을 빌려다 쓰고 갚았는지 알지 못하는 경우가 많다.

이런 경우 위 사례와 같이 대표이사가 갑자기 사망하게 되면 사용처를 밝힐 수 없으므로 꼼짝없이 상속세를 물어야 한다. 자금사정이 어려운 회사의 경우 가수금 반제액을 합쳐 놓으면 그 금액이 매우 크므로 상속세 또한 엄청나다.

위의 사례는 법인의 가수금의 경우를 예로 들었지만 가지급금의 경우도 마찬가지다.

이와 같이 억울한 세금을 물지 않기 위해서는 법인의 대표자가 법인과 금전거래를 하는 경우에는 평소에 자금의 조달과 사용에 대한 증빙을 철저히 갖추어 놓아야 한다.

> ▶ 관련 법규: 「상속세 및 증여세법」 제14조, 제15조
> 　　　　　　「상속세 및 증여세법 시행령」 제10조, 제11조

상속세 알뜰정보

14 피상속인의 부채가 2억 원 이상인 경우에도 사용처에 대한 증빙을 확보해두자.

상속재산을 처분한 경우와 마찬가지로 금융회사 등에게 부담한 부채의 경우도 피상속인이 부담한 채무의 합계액이

- 상속개시일 전 1년 이내에 2억 원 이상인 경우와
- 상속개시일 전 2년 이내에 5억 원 이상인 경우로서

그 용도가 객관적으로 명백하지 아니한 경우에는 사용처 미소명 금액에서 부채의 20% 상당액과 2억 원 중 적은 금액을 차감한 금액을 상속인이 상속받은 것으로 보아 상속세를 과세한다.

그러므로 피상속인의 채무가 상속개시일 전 1년 이내에 2억 원 이상 이거나 2년 이내에 5억 원 이상인 경우에는 그 사용처에 대한 객관적인 입증서류를 갖추어 놓아야 한다.

이 또한 피상속인이 사망하고 난 후 상속인이 피상속인이 생전에 차입한 부채의 사용처를 알아내고 그를 입증할 수 있는 증빙서류를 갖춘다는 것이 매우 어려우므로, 피상속인이 생전에 금전을 차입하여 사용할 때 증빙을 갖추어 놓는 것이 필요하다.

부채의 용도를 입증할 때 객관적으로 입증되지 아니한 금액이 부채 총액의 20%에 미달하는 경우 즉, 부채의 용도를 80% 이상 입증한 경우에는 전체가 입증된 것으로 본다. 다만, 용도가 입증되지 않은 금액이 2억 원을 초과하는 경우에는 2억 원을 한도로 한다.

예를 들어 부채가 5억 원인 경우에는 5억 원의 80%인 4억 원 이상 사용내역을 입증하면 나머지는 입증하지 않아도 전체가 입증된 것으로 본다.

하지만 부채가 20억 원인 경우에는 20억 원의 80%인 16억 원 이상만 입증하면 되는 것이 아니라 18억 원 이상을 입증하여야 전체가 입증된 것으로 본다.

한편, 부채가 국가·지방자치단체 및 금융기관이 아닌 자에 대하여 부담한 채무인 경우에는 채무부담계약서, 채권자확인서, 담보설정 및 이자 지급에 관한 증빙 등 서류에 의하여 상속인이 실제로 부담하는 사실이 객관적으로 확인되지 않으면 상속인이 변제할 의무가 없는 것으로 보아 상속세 과세가액에 산입한다.

따라서 일반 사인간의 채무가 있는 경우에는 금융기관을 통하여 이자를 지급하고 무통장입금증 등 증빙서류를 확보해 두어야 쉽게 채무로 인정을 받을 수 있다.

▶ 관련 법규: 「상속세 및 증여세법」 제14조, 제15조
「상속세 및 증여세법 시행령」 제10조, 제11조

15

증여재산공제 한도 내에서 배우자나 자녀에게 미리 증여를 해두자.

남편 소유 재산을 사전에 부인이나 자녀에게 증여하면 상속재산이 줄어들게 되므로 당연히 상속세도 줄어들 수 있다.

그러나 증여를 하면 증여세가 과세되고, 일정기간 내의 증여재산은 상속세를 계산할 때 상속재산에 포함시키기 때문에 증여의 효과가 없으므로 이를 충분히 검토해 본 후 증여 여부를 결정해야 한다.

「상속세 및 증여세법」에서는 거주자인 수증자가 증여를 받은 때에는 다음과 같이 증여재산공제액을 과세가액에서 공제해 주고 있다.

증여자	배우자	직계존속		직계비속	기타 친족
공제한도액	6억 원	5천만 원 (미성년자 2천만 원)	1억 원* (혼인·출산)	5천만 원	1천만 원

* 2024년 1월 1일부터 혼인신고일 전·후 2년 이내 또는 자녀 출생·입양일로부터 2년 이내 직계존속으로부터 증여받은 재산에 대해서 추가 공제

따라서 2014년 1월 1일 이후 증여분부터 배우자에게는 6억 원, 자녀에게는 5천만 원(미성년자인 경우에는 2천만 원)의 범위 내에서 증여를 하면 증여세를 내지 않고서도 상속세를 줄일 수 있다.

다만, 사망하기 전 10년 이내에 피상속인이 상속인에게 증여한 재산의 가액은 상속세 계산 시 이를 합산하므로 증여재산공제의 효과가 없다는데 유의하여야 한다.

예를 들어 25억 원의 상속재산과 자녀 2명이 있는 사람이

1) 사망하기 전 12년 전에 자녀에게 5억 원을 증여하고 사망했다면 상속세 과세표준은 20억 원(상속재산 25억 원－일괄공제 5억 원)이 되고 이에 대한 상속세의 산출세액은 6억 4천만 원이 되나,

2) 사망하기 8년 전(10년 이내)에 자녀에게 5억 원을 증여하고 사망했다면 상속세 과세표준은 25억 원(상속재산 25억 원＋상속개시전 10년 이내에 증여한 재산 5억 원－일괄공제 5억 원)이 되며 이에 대한 상속세의 산출세액은 8억 4천만 원이 되어 증여를 하지 않은 것과 같다.

그러므로 상속세를 적게 내기 위한 목적으로 증여를 할 예정이라면 사망하기 10년 전에 증여를 해야 한다.

▶ 관련 법규: 「상속세 및 증여세법」 제13조, 제26조, 제53조

16 장례비용이 500만 원을 초과할 때에는 관련 증빙서류를 잘 챙겨두자.

피상속인이 사망한 때부터 장례일까지 장례를 치르는데 직접 소요된 비용은 피상속인이 부담할 비용은 아니나 사망에 따른 필연적인 비용이며 사회통념상 경비로 인정받고 있으므로, 상속세를 계산할 때도 일정 한도 내의 금액은 비용으로 공제해 주고 있다.

장례비용이 500만 원 미만인 경우에는 증빙이 없더라도 500만 원을 공제하지만, 500만 원을 초과하면 증빙에 의하여 지출사실이 확인되는 것만 공제한다. 다만, 장례비용이 1,000만 원을 초과하는 경우에는 1,000만 원까지만 공제한다.

장례비용에는 시신의 발굴 및 안치에 직접 소요되는 비용과 묘지 구입비, 공원묘지사용료, 비석·상석 등 장례를 치르는데 직접 들어간 제반 비용도 포함시키고 있다.

또한 2002년부터는 장례문화의 개선을 지원하기 위해 위 금액 외에 봉안시설의 사용에 소요된 금액을 500만 원을 한도로 하여 추가로 공제해 주고 있다.

따라서 상속세 납부대상이 되는 자가 장례비용을 500만 원 이상 지출한 경우에는 증빙서류를 꼼꼼히 챙겨 놓아야 상속세를 조금이라도 줄일 수 있다.

▶ 관련 법규: 「상속세 및 증여세법」 제14조
　　　　　　「상속세 및 증여세법 시행령」 제9조

17 상속세를 계산할 때 공제되는 채무에는 어떤 것이 있는지 알아 두어 빠짐없이 공제받도록 하자.

상속을 받게 되면 피상속인의 재산에 관한 권리와 의무를 포괄적으로 승계하므로 채무도 함께 상속된다. 그러므로 상속세를 계산할 때는 상속으로 취득한 재산의 가액에서 승계한 채무를 공제하여 주고 있는데, 이를 '채무공제'라 한다.

'채무'란 명칭여하에 불구하고 상속개시 당시 피상속인이 부담하여야 할 확정된 채무로서 공과금 이외의 모든 부채를 말하며, 피상속인이 부담하여야 할 채무이면 금액에 관계없이 공제가 가능하다.

그러나 채무는 상속세를 계산하는데 있어 가장 중요한 공제항목 이므로 납세자와 세무당국간 분쟁이 발생할 소지가 가장 많다. 따라서 세법에서는 공제가능한 채무의 입증방법 등을 엄격하게 규정하여 가공채무의 발생을 방지하고 있다.

● 공제가능한 채무의 입증방법

상속세를 계산할 때 공제되는 채무금액은 상속개시 당시 피상속인의 채무로서 상속인이 실제로 부담하는 사실이 다음 어느 하나에 의하여 입증되어야 한다.

1) 국가 · 지방자치단체 및 금융회사 등에 대한 채무
해당 기관에 대한 채무임을 확인할 수 있는 서류

2) 기타의 자에 대한 채무
채무부담계약서, 채권자확인서, 담보설정 및 이자지급에 관한 증빙 등에 의하여 그 사실을 확인할 수 있는 서류

● 공제가능한 채무의 범위(예시)

1) 미지급이자
상속개시일 현재 피상속인의 채무에 대한 미지급이자는 공제할 수 있는 채무에 해당한다.

2) 보증채무
피상속인이 부담하고 있는 보증채무 중 주채무자가 변제불능의 상태에 있어 상속인이 주채무자에게 구상권을 행사할 수 없다고 인정되는 부분에 상당하는 금액은 채무로서 공제한다.

3) 연대채무
피상속인이 연대채무자인 경우에 상속재산에서 공제할 채무액은 피상속인의 부담분에 상당하는 금액에 한하여 공제할 수 있다.
다만, 연대채무자가 변제불능의 상태가 되어 피상속인이 변제불능자의 부담분까지 부담한 경우로서 당해 부담분에 대하여 상속인이 구상권을 행사해도 변제받을 수 없다고 인정되는 경우에는 채무로 공제할 수 있다.

4) 임대보증금
피상속인이 토지·건물의 소유자로서 체결한 임대차계약서상의 보증금은 채무로서 공제된다.

5) 사용인의 퇴직금상당액에 대한 채무
피상속인이 사업상 고용한 사용인에 대한 상속개시일까지의 퇴직금 상당액(근로기준법에 의하여 지급하여야 할 금액을 말함)은 공제할 수 있는 채무에 해당한다.

● 채무에 대한 입증책임

상속개시 당시 피상속인의 채무가 존재하는지 여부, 보증채무 및 연대채무의 경우 주채무자가 변제불능의 상태에 있어 피상속인이 부담하게 될 것이라는 사유 등에 대한 입증책임은 납세의무자에게 있다.

위에서 살펴본 바와 같이 상속개시 당시 피상속인이 부담해야 할 채무가 있는 경우에는 금액에 관계없이 모두 공제 가능하므로, 공제 가능한 채무가 있는 경우에는 증빙서류를 철저히 챙겨 빠짐없이 공제 받도록 하자.

채무공제의 경우 가공 채무계약서를 작성하여 채무공제를 하는 사례가 빈번하기 때문에 세무당국에서는 사채의 경우 채권자의 주소지 관할세무서에 통보하여 소득세 과세자료로 활용하고, 부채가 변제된 경우에는 자금의 출처 및 흐름을 조사하는 등 사후관리를 강화하고 있다.

▶ 관련 법규: 「상속세 및 증여세법」 제14조
「상속세 및 증여세법 시행령」 제10조

18

건물을 상속할 때는 월세보다 전세가 많은 것이 유리하다.

임대 중에 있는 부동산을 상속받는 경우 상속인은 임대계약이 만료되면 보증금을 반환해야 할 의무가 있으므로 상속세 및 증여세법에서는 이를 피상속인의 부채로 보아 상속세를 계산할 때 공제를 해 주고 있다.

따라서 임대차계약을 체결할 때 월세 비중을 줄이고 보증금을 많이 받는다면 공제 받을 수 있는 채무액이 많아지므로 상속세 부담을 줄일 수 있다.

예를 들어 시가 10억 원 상당의 건물을 임대하면서 보증금 4억 원에 월세 2백만 원을 받았다면 상속이 개시되었을 때 4억 원을 공제 받을 수 있으나, 보증금 1억 원에 월세 7백만 원을 받았다면 1억 원 밖에 공제받을 수 없다.

또한 상속개시 1~2년 전에 체결한 임대차계약 내용 중 임대보증금의 합계액이 1년 이내에 2억 원 이상이거나 2년 이내에 5억 원 이상인 경우에는 그 사용처를 소명해야 한다. 상속세 및 증여세법에서는 그 사용처를 소명하지 못할 경우에는 소명하지 못한 일정 금액에 대해 상속받은 재산으로 보아 상속세를 과세한다.

따라서 2년 이내의 임대보증금을 채무로 신고할 경우에는 그 사용처에 대한 증빙을 철저히 확보해 두어 나중에 그 사용처를 소명하지 못해 상속세를 추징당하는 불이익을 받지 않도록 하여야 한다.

▶ 관련 법규: 「상속세 및 증여세법」 제14조, 제15조

19

10년 이상 경영한 가업을 자녀에게 물려주고자 하는 경우 가업상속공제제도를 적극 활용하자.

피상속인이 10년 이상 계속하여 경영한 중소·중견기업으로 가업 상속공제 요건을 충족하는 경우 최대 600억 원까지 상속세가 과세되지 않는다.

가업상속공제란 중소기업 등의 원활한 가업승계를 지원하기 위하여 거주자 인 피상속인이 생전에 10년 이상 계속하여 경영한 중소·중견기업의 가업 상속재산을 상속인에게 정상적으로 승계한 경우에 가업영위기간에 따라 최대 600억 원까지 상속세과세가액에서 공제할 수 있는 제도이다.

※ 2019년 1월 1일 이후 상속분: 공제율 100%
※ 공제 한도액(10년 이상 300억 원, 20년 이상 400억 원, 30년 이상 600억 원)

가업상속재산이란 개인기업은 상속재산 중 가업에 직접 사용되는 토지, 건축물, 기계장치 등 사업용 자산을 말하고, 법인기업은 상속재산 중 가업에 해당하는 법인의 주식·출자지분(사업무관자산 비율은 제외)을 말한다.

가업상속공제를 적용받기 위해서는 가업 요건, 피상속인 요건, 상속인 요건을 모두 충족해야 한다.

1) 가업의 요건

가업이란 피상속인이 10년 이상 계속하여 경영한 기업으로, 상속 개시일이 속하는 소득세 과세기간 또는 법인세 사업연도의 직전 소득세 과세기간 또는 법인세 사업연도 말 현재 상속세 및 증여세법 시행령 제15조의 요건을 충족하는 중소기업과 중견기업을 말한다.

2) 피상속인의 요건

가업상속공제 대상 가업이 법인이라면, 피상속인이 법인의 최대주주*

(최대출자자)로 특수관계인의 주식 등을 합하여 발행주식총수의 40%
(상장법인 20%) 이상을 10년 이상 계속 보유해야 한다.

 *가업승계에 따라 주식전부를 증여하여 최대주주 등이 아니게 된 경우 포함

① 피상속인이 상속개시일 현재 거주자일 것

② 피상속인이 가업의 영위기간 중 아래의 (ㄱ), (ㄴ), (ㄷ)의 어느
  하나에 해당하는 기간을 대표이사(개인사업자인 경우 대표자를
  말함)로 재직

  (ㄱ) 100분의 50 이상의 기간
  (ㄴ) 10년 이상의 기간(상속인이 피상속인의 대표이사 등의 직을 승계
     하여 승계한 날부터 상속개시일까지 계속 재직한 경우로 한정)
  (ㄷ) 상속개시일부터 소급하여 10년 중 5년 이상의 기간

3) 상속인의 요건 (상속인의 배우자가 아래의 요건을 모두 갖춘 경우에는 상속인이 그 요건을 갖춘 것으로 본다)

① 상속개시일 현재 18세 이상

② 상속개시일 전에 2년 이상 직접 가업에 종사 (다만, 피상속인이 65세
  이전에 사망하거나 천재지변 및 인재 등 부득이한 사유로 피상속인이
  사망한 경우에는 2년 이상 직접 가업에 종사하지 않아도 됨)

③ 상속세 과세표준 신고기한까지 임원으로 취임하고 상속세 신고기한
  부터 2년 이내에 대표이사(대표자)로 취임해야 함

4) 가업상속공제 사후 의무요건

가업상속공제 후 5년*간 아래 요건 해당 시 사유 발생일이 속하는 달의
말일부터 6개월 이내에 공제받은 금액을 상속개시 당시의 상속세 과세
가액에 산입하여 이자상당액을 포함하여 상속세를 신고·납부해야 한다.

 * 2023년 1월 1일 시행 이후 상속이 개시되는 분부터 적용(종전 7년)되며, 2023년 1월 1일
  현재 사후관리 중인 경우에도 일정 요건을 충족하는 경우 적용

① (자산유지) 가업용 자산의 40% 이상 처분

② (가업종사) 상속인이 가업에 종사하지 아니하게 된 경우

③ (지분유지) 상속인의 주식 지분이 감소된 경우

④ (고용유지) 근로자 수·총급여액 5년* 평균 90%에 미달하는 경우

    * 2023년 1월 1일 시행 이후 상속이 개시되는 분부터 적용(종전 7년)되며, 2023년 1월 1일 현재 사후관리 중인 경우에도 일정 요건을 충족하는 경우 적용

5) 탈세·회계부정 기업인의 가업상속 혜택 배제

◆ (범죄행위) 상속대상 기업의 경영과 관련한 탈세 또는 회계부정

◆ (행위시기) 상속개시 전 10년 이내 또는 상속 개시일부터 5년 이내

◆ (처벌대상자) 피상속인 또는 상속인

◆ (처벌수준) 확정된 징역형 또는 일정 기준 이상 벌금형*

    * (탈세) 포탈세액 3억 원 이상이고 납부할 세액의 30% 이상인 경우 또는 포탈세액이 5억 원 이상인 경우

    * (회계부정) 재무제표상 변경 금액이 자산 총액의 5% 이상

▶ 관련 법규: 「상속세 및 증여세법」 제18조의 2
　　　　　　　「상속세 및 증여세법 시행령」 제5조

20 배우자 상속공제를 최대한 활용하자.

부친이 연로하여 돌아가신 경우 나이 드신 모친에게 재산을 상속하면 얼마 후 또 상속을 해야 하므로 모친에게는 재산을 상속하지 않고 자녀들에게만 상속하는 경우가 있다.

상속재산이 10억 원 이하이고 배우자가 있다면 상속세가 과세되지 않으므로 모친에게 상속을 하지 않더라도 상속세 측면에서는 아무런 문제가 없으나, 상속재산이 많아 상속세가 과세되는 경우에는 모친에게 상속을 하는 경우와 하지 않는 경우 상속세 부담에 있어서 차이가 많이 난다.

예를 들어 부친의 상속재산이 35억 원이고 상속인으로 모친과 자녀 2명이 있다고 가정할 때

먼저 모친에게는 재산을 한 푼도 상속하지 않는다고 하면, 35억 원에서 일괄공제 5억 원, 배우자공제 5억 원을 차감하면 상속세 과세표준이 25억 원이 되며, 이에 대한 상속세는 8억 4천만 원이 나온다.

다음에 모친에게 법정상속지분대로 상속을 하는 경우를 살펴보자.

법정상속지분은 모친이 3/7, 자녀가 각각 2/7씩이므로 모친이 15억 원, 자녀가 각각 10억 원씩 상속받게 된다. 이런 경우 35억 원에서 일괄공제 5억 원, 배우자공제 15억 원을 차감하면 상속세 과세표준은 15억 원이 되며, 이에 대한 상속세는 4억 4천만 원이 된다. 따라서 모친에게 법정지분대로 상속을 하게 되면 4억 원이나 상속세가 절감된다.

이와 같이 피상속인의 배우자가 있는 경우에는 배우자에게 일정부분 재산을 상속하면 상속을 전혀 하지 않는 경우보다 상속세를 절세할 수 있다.

배우자상속공제를 받기 위해서는 배우자 상속재산 분할기한(신고기한의 다음 날부터 9개월이 되는 날)까지 상속재산을 배우자 명의로 분할(등기·등록 등을 요하는 경우에는 그 절차를 마쳐야 함)하여야 한다.

만약 모친이 상속을 받고 10년 이내에 사망하여 다시 상속이 개시된 경우에는 전에 상속세가 부과된 상속재산 중 재상속분에 대한 전의 상속세 상당액을 산출세액에서 공제해 준다.

이때 공제되는 세액은 다음 산식에 의하여 계산한 금액으로 한다.

$$\text{단기재상속에 대한 세액공제} = \text{전의 상속세 산출세액} \times \frac{\text{재상속분의 재산가액} \times \dfrac{\text{전의 상속세 과세가액}}{\text{전의 상속재산가액}}}{\text{전의 상속세 과세가액}} \times \text{공제율}$$

위 산식에서 공제율이라 함은 재상속기간이 상속개시 후 1년마다 10%씩 체감하는 구조로 되어 있으며, 그 율은 다음과 같다.

재상속기간	공 제 율	재상속기간	공 제 율
1년 이내	100분의 100	7년 이내	100분의 40
2년 이내	100분의 90	8년 이내	100분의 30
3년 이내	100분의 80	9년 이내	100분의 20
4년 이내	100분의 70	10년 이내	100분의 10
5년 이내	100분의 60		
6년 이내	100분의 50		

▶ 관련 법규: 「상속세 및 증여세법」 제19조, 제30조

21

상속재산 중 피상속인과 상속인이 10년 이상 동거한 1세대 1주택이 있는 경우, 동거주택 상속공제 적용여부를 검토하자.

다음의 요건을 모두 갖춘 경우에는 동거주택 상속공제(6억 원 한도)를 상속세 과세가액에서 공제한다(2009년 이후 상속개시분부터 적용).

가. 피상속인이 거주자일 것

나. 피상속인과 상속인(직계비속에 한정함)이 상속개시일부터 소급하여 10년 이상(상속인이 미성년자인 기간은 제외) 계속하여 하나의 주택에서 동거할 것. 이 경우 피상속인과 상속인이 대통령령으로 정하는 부득이한 사유에 해당되어 동거하지 못한 때에는 이를 계속하여 동거한 것으로 보되, 그 동거하지 못한 기간은 동거 기간에는 산입하지 아니한다.

다. 피상속인과 상속인이 상속개시일부터 소급하여 10년 이상 계속하여 1세대를 구성하면서 대통령령으로 정하는 1세대 1주택에 해당할 것.

라. 상속개시일 현재 무주택자이거나 피상속인과 공동으로 1세대 1주택을 보유한 자로서 피상속인과 동거한 상속인이 상속받은 주택일 것

※ 일시적 2주택, 이농·귀농주택, 문화재주택, 상속인의 혼인으로 인한 혼인 합가주택, 동거봉양을 위한 합가주택, 피상속인의 혼인으로 인한 합가주택, 공동상속주택(소수지분자)의 경우에 해당하여 1세대가 2주택을 소유한 경우에도 동거주택 상속공제가 가능함

예를 들어 2020년 3월 거주자인 부친의 사망으로 인하여 아파트 1채를 상속받는 경우로서 상속인은 모친·본인·여동생이 다음과 같은 경우

- 모친은 부친과 상속개시일로부터 소급하여 10년 이상 계속하여 동거하여 왔으며 본인도 미성년자인 기간을 제외하고도 부친과 10년 이상 계속 동거하였음
- 여동생은 상속개시일 현재 혼인으로 분가하여 거주

해당 주택을 모친이 단독으로 상속 받는다면 동거주택 상속공제를 적용할 수 없다.

이에 비해 위 주택의 모든 지분을 본인명의로 상속등기 하게 되면 전체 주택의 가액(담보된 피상속인 채무의 가액을 차감)을 과세가액에서 공제한다(6억 원 한도).

▶ 관련 법규: 「상속세 및 증여세법」 제23조의2

22

세대를 건너 뛰어 상속을 하면 상속세를 추가 부담해야 한다.

재산을 상속해 주고자 할 때 아들이 나이가 많거나 똑똑하지 못하여 재산을 지킬 능력이 없으면 손자가 상속을 받도록 유언을 하는 경우가 있다.

이와 같이 세대를 건너뛰어 손자에게 상속을 하게 되면 아들에게 상속할 때보다 30%(상속인이 미성년자이며 상속재산가액이 20억 원 초과할 경우 40%)를 할증하여 상속세를 부과한다.

이유는 정상적인 상속을 하게 되면 아들에게 상속을 할 때 상속세가 한 번 부과되고 아들이 손자에게 상속할 때 또 다시 상속세가 부과되지만, 할아버지가 손자에게 상속을 하면 상속세가 한 번 밖에 부과되지 않기 때문에 할증을 하는 것이다.

그러나 상속이 개시되기 전에 아들이 사망하여 손자가 아들을 대신하여 상속을 받는 대습상속(代襲相續)인 경우에는 세대를 건너 뛴 상속으로 보지 않기 때문에 할증과세를 하지 않는다.

반면 상속이 개시된 후 10년 이내에 상속인이 사망하여 다시 상속이 개시된 때에는 재상속기간에 따라 100%에서 10%까지 세액공제를 받을 수 있다.

그러므로 상속인이 나이가 많거나 건강이 좋지 않은 경우에는 할증과세를 받더라도 세대를 건너 뛰어 상속을 해 주는 것이 유리한지 아니면 정상적인 상속을 하고 단기재상속에 대한 세액공제를 받는 것이 유리한지를 비교해 보고 유리한 방법을 선택하면 된다.

한편, 세대를 건너 뛴 상속에 대한 할증과세는 상속세 산출세액이 있는 경우에만 적용되므로 상속재산이 많지 않아 상속세가 과세되지 않는 경우에는 필요하다면 세대를 건너 뛴 상속도 고려해 볼 수 있다.

다만, 위 경우에는 상속공제 한도가 적용되어 상속세를 부담하는 경우도 있기 때문에 전문가의 조언이 필요하다.

상속공제는 상속인의 실제 상속재산의 한도 내에서 상속공제를 하므로 상속세 과세가액에서 공제할 금액(기초공제, 배우자상속공제, 기타인적공제, 일괄공제, 금융재산상속공제, 재해손실공제, 동거주택상속공제)은 상속세 과세가액에서 상속인이 아닌 자에게 유증 등을 한 재산의 가액, 상속인의 상속 포기로 그 다음 순위의 상속인이 상속받은 재산의 가액, 사전 증여 재산의 과세표준에 해당하는 가액을 뺀 금액을 상속공제 한도로 한다.

상속재산 금액이 10억 원으로 상속인이 배우자, 자녀인 경우에 상속인이 상속받으면 일괄공제 5억 원, 배우자상속공제 5억 원으로 상속공제합계액이 10억 원이므로 상속세가 과세되지 않으나, 상속인의 상속 포기로 5억 원을 후순위 상속인인 손자, 손녀에게 상속하면 상속공제 한도액이 5억 원으로 상속세 과세표준 5억 원에 상속세 30% 할증하여 상속세액 1억 1천7백 만 원을 부담하여야 한다.

▶ 관련 법규: 「상속세 및 증여세법」 제27조, 제24조

23 상속세를 신고하지 않으면 정상신고한 때에 비하여 세금을 20% 이상 더 내야 한다.

상속으로 인하여 재산을 취득한 상속인은 상속개시일(사망일)이 속하는 달의 말일부터 6개월 이내에 상속세를 신고하여야 하며, 위 기간 내에 상속세를 신고하면 세금의 3%를 공제해 준다.

만약 상속세를 신고하여야 할 자가 신고를 하지 아니한 경우에는 내야 할 세금의 20%(또는 40%), 신고하여야 할 금액에 미달하게 신고한 경우에는 내야 할 세금의 10%(또는 40%)에 상당하는 가산세를 물어야 하며, 납부할 세금을 납부하지 아니하였거나 납부하여야 할 세금에 미달하게 납부한 때에는 납부하지 아니한 기간에 1일 0.022%를 곱한 금액을 추가로 내야 한다.

예를 들어 상속받은 재산에 대하여 1천만 원의 상속세를 내야하는 상속인이 신고하지 않아서 세무서에서 사망일부터 1년 6개월이 지나서 고지가 된 경우와 정상적으로 신고한 경우의 내야할 세금을 알아보면 다음과 같다.

- 정상신고 시 납부할 세금 : ①－② = 9,700,000 원
  ① 납부세액 : 10,000,000 원
  ② 신고세액공제 : (10,000,000 원×3%) = 300,000 원

- 무신고 시 고지된 세금 : ①＋②＋③ = 12,803,000 원
  ① 납부세액 : 10,000,000 원
  ② 무신고가산세 : 10,000,000 원 × 20% = 2,000,000 원
  ③ 납부지연가산세 : 10,000,000 원 × 365 × 0.022% = 803,000 원

그러므로 상속세를 신고 납부하여야 할 자가 신고 납부를 모두 하지 않으면 신고한 사람에 비하여 위와 같이 20% 이상을 더 내야 한다.

> ▶ 관련 법규 : 「상속세 및 증여세법」 제69조
> 「국세기본법」 제47조의 2, 제47조의 4

24 세금이 많으면 나누어 내거나 상속받은 부동산 또는 주식으로도 낼 수 있다.

상속세는 대부분이 과세기준액에 미달되기 때문에 내는 사람이 많지 않지만 일단 납부대상이 되면 내야 할 세금이 고액인 경우가 많다.

이러한 경우에는 다음과 같은 납부방법이 있으므로 필요한 경우 활용하도록 하자.

● 분할납부

납부할 세액이 1천만 원을 초과하는 경우에는 세액의 일부를 납부기한이 지난 후 2개월 이내에 나누어 낼 수 있다.

나누어 낼 수 있는 금액은 다음과 같다.

• 납부할 세액이 2천만 원 이하인 경우에는 1천만 원을 초과하는 금액
• 납부할 세액이 2천만 원을 초과하는 경우에는 납부할 세액의 50% 이하의 금액

연부연납 허가를 받은 경우에는 분할납부를 할 수 없다.

따라서 납부할 세액, 연부연납기간, 연부연납가산금 등을 비교하여 분할납부와 연부연납 중 유리한 방법을 선택하여 신청하는 것이 좋다.

● 연부연납(年賦延納)

납부할 세액이 2천만 원을 초과하는 경우 납부기한 내에 일부를 납부하고 나머지는 세무서에 담보를 제공하고 연부연납기간 내에 나누어 낼 수 있는데 이를 '연부연납'이라 한다.

연부연납 기간은 연부연납허가일부터 일반적인 경우에는 10년 내로 하며, 가업상속재산공제를 받거나 대통령령으로 정하는 요건에 따라 중소기업

또는 중견기업을 상속받은 경우는 허가일로부터 20년 또는 허가 후 10년이 되는 날부터 10년으로 한다.

즉, 일반적인 경우에는 신고기한(상속개시일이 속하는 달의 말일부터 6개월) 내에 1/11을 납부하고 나머지 10/11은 10년간 납부할 수 있으며, 가업상속재산의 경우 신고기한(상속개시일이 속하는 달의 말일부터 6개월)내에 1/21을 납부하고 나머지 20/21은 20년간 납부 또는 신고기한(상속개시일이 속하는 달의 말일부터 6개월)내에 1/11을 납부하고 나머지 10/11은 허가 후 10년이 되는 날부터 매년 1/11씩 10년간 납부할 수 있다.

또한 연부연납을 하는 때에는 연부연납세액 중 납부하지 아니한 금액에 대하여 일정한 이자*를 부담하여야 한다. 연부연납가산금 이자율은 다음과 같다(각 분할 납부일 현재의 이자율 적용).

구분	2016년 3월 7일 이후	2017년 3월 15일 이후	2018년 3월 19일 이후	2019년 3월 20일 이후	2020년 2월 11일 이후	2021년 3월 16일 이후	2023년 3월 20일 이후	2024년 3월 22일 이후
연환산 이자율	연 1.8%	연 1.6%	연 1.8%	연 2.1%	연 1.8%	연 1.2%	연 2.9%	연 3.5%

* 분할납부세액의 납부일 현재 이자율. 단, 연부연납 기간 중에 국세 환급가산금 이자율이 변경된 경우 직전납부기한 다음날부터 이자율 변경일 전일에 대한 이자율은 변경 전 이자율을 적용한다.

(2.9%)　　　(3.5%)

3회차 납기　　　이자율 변경　　　4회차 납기
(2023. 6. 30.)　　2024. 3. 22.(2.9% → 3.5%)　　(2024. 6. 30.)

● 물납(物納)

세금은 현금으로 납부하는 것이 원칙이나, 상속세는 고액인 경우가 많아 상속받은 재산(제13조에 따라 상속재산에 가산하는 증여재산 중 상속인·수유자가 받은 증여재산으로 포함) 중 부동산과 유가증권(상장주식과 비상장주식을 제외하되, ① 상장주식의 경우 처분이 제한된 경우는 포함 ② 비상장주식의 경우 다른 상속재산이 없는 경우 등은 포함)의 가액이 전체 재산가액의 1/2을 초과하고 납부세액이 2천만 원을 초과하며 상속세 납부세액이 상속재산 중 금융재산가액을 초과하는 경우에는 상속받은 부동산이나 유가증권으로도 세금을 납부할 수 있도록 하고 있다. 비상장주식은 납부할 상속세가 비상장주식 등(해당 자산에 담보된 채무액을 차감한 가액)을 제외한 상속재산으로 상속세를 납부하기 부족한 경우 그 부족분에 대해서만 물납이 가능하다.

물납에 충당할 부동산 및 유가증권의 수납가액은 상속세를 과세할 때 평가한 가액으로 한다.

물납을 하고자 하는 경우에도 상속세 신고 시 또는 세금고지서상의 납부기한 내에 관할 세무서장에게 신청하여 허가를 받아야 한다.

연부연납이나 물납을 하는 것이 납세자에게 반드시 유리한 것은 아니다.

연부연납의 경우 은행예금 이자율과 연부연납가산금 이자율, 일시납부했을 때의 기회비용 등을 고려하여 연부연납을 할 것인지를 결정하고, 물납의 경우도 물납하고자 하는 부동산 또는 유가증권의 시가와 상속세 결정 시의 평가액 등을 비교하여 물납하는 것이 유리한지 아니면 처분하여 현금으로 납부하는 것이 유리한 지를 따져보고 결정하는 것이 좋다.

2023. 1. 1. 이후 상속이 개시되는 분부터 상속세 납부세액이 2천만 원을 초과하거나 상속세 납부세액이 금융재산가액을 초과하는 경우 상속재산에 문화재 및 미술품이 포함된 경우 납세지 관할 세무서장에게 물납을 신청할 수 있다.

> ▶ 관련 법규: 「상속세 및 증여세법」 제70조~제73조
> 「상속세 및 증여세법 시행령」 제65조, 제67조~제75조

25 상속세는 장기 세금계획을 세워 미리미리 대비하자.

상속세는 사망을 한 경우 상속받은 재산에 대하여 내는 세금으로, 언제 사망을 할 지 또 사망할 당시의 재산이 얼마나 될 지 등을 알 수 없기 때문에 세금계획(Tax Planning)을 세우기가 쉽지 않다.

그렇다고 아무런 대비도 하지 않고 있다가 갑자기 상속이 개시되면 안 내도 될 세금을 내야 하는 경우가 생긴다.

상속세 세금계획은 상속인인 자녀들이 세우기가 매우 곤란하다.

부모가 생존해 계시는데 사망을 전제로 하여 계획을 세운다는 것이 불효를 저지르는 것으로 생각되고, 재산의 분배처분 등에 대한 결정은 피상속인이 해야 하기 때문이다.

상속인들이 할 수 있는 방법이라야 상속이 개시되고 나서 세법에서 인정하고 있는 각종 공제제도를 최대한 활용하는 것인데 이는 근본적인 대책이 못된다.

따라서 상속세 세금계획은 피상속인*이 세워서 대비하는 것이 바람직하다.
　* 피상속인 : 사망한 사람을 말함. 여기서는 '상속재산의 원래 소유자'라는 의미로 사용

상속세 세금계획을 세울 때는 다음과 같은 사항이 고려되어야 할 것이다.

1) 상속대상 재산 파악

현재의 상황에서 상속세 과세대상이 되는 재산이 어떤 형태로, 어느 정도의 규모로 구성되어 있는지를 파악한다.

왜냐하면 부동산 · 예금 · 주식 등의 형태에 따라 평가방법이 다를 뿐만 아니라 다른 재산으로 바꾸어 보유하는 것이 유리한지 여부 등도 검토해야 하기 때문이다.

2) 피상속인의 연령 및 건강상태

예측하기 어렵고 또한 예측하기도 싫은 것이지만 피상속인의 나이와 건강상태에 따라 그에 맞추어 세금계획을 세울 수 있기 때문이다.

3) 다양한 절세방안 모색

현행의 법 테두리 안에서 상속세 부담을 가장 최소화할 수 있는 방안을 모색하는 것이 중요하다.

선택 가능한 절세방안이 한 가지뿐인 경우는 많지 않으므로 여러 가지 방안을 검토해서 가장 절세효과가 큰 방안을 선택해야 할 것이다.

그러나 실제로 절세방안을 결정함에 있어서는 절세효과 못지않게 피상속인의 주관적 의지가 매우 중요하다.

예를 들어 회사의 주식을 2세에게 사전에 증여하고 증여세를 내는 것이 나중에 상속세를 내는 것보다 유리하더라도 피상속인이 경영권을 계속 가지고 있기를 원하는 경우에는 채택할 수 없기 때문이다.

4) 상황변화에 따른 세금계획의 수정

당초의 세금계획은 그 당시의 상황 하에서 수립된 것으로 시간이 지남에 따라 상속재산의 변동, 세법개정, 피상속인의 의중 변화 등 상황이 변하게 된다.

따라서 상황변화에 따라 세금계획도 수정하여야 한다.

5) 납세자금 대책

상속세는 과세미달자가 대부분이지만 과세되는 경우 수억 원, 수십억 원 등 고액 납세자가 많이 발생한다.

따라서 납세자금 대책을 마련해 놓지 않으면 상속재산을 처분해야 하거나 공매를 당하는 상황이 발생할 수도 있다.

자녀 명의로 보장성보험을 들어 놓는다든지, 사전증여 등으로 세금을 납부할 수 있는 능력을 키워 놓는다든지 아니면 연부연납 또는 물납을 하도록 할 것인지 등 납세자금대책이 검토되어야 한다.

이와 같이 상속세 세금계획은 검토해야 할 사항도 많고 절세 효과를 따져보는 것도 매우 복잡하다.

따라서 상속세 세금계획을 세우고 이를 시행할 때는 전문가의 도움을 받는 것이 좋다.

또한 상속세 세금계획은 단시일 내에 시행할 수 있는 것만으로는 효과가 크지 않으며, 10년 이상의 장기간에 걸쳐 시행해야 효과가 크므로 하루라도 빨리 계획을 수립하여 시행하는 것이 좋다.

26

상속세 신고가 끝났다고 방심했다가는 큰 낭패를 볼 수 있다.

상속세는 신고를 마쳤다고 하여 납세의무가 확정되는 것이 아니다.

신고를 하고 나면 세무서에서 납세자가 신고한 내용과 세무서에서 수집한 부동산 취득·양도자료, 금융재산 조회자료, 보험금 및 퇴직금 지급자료 등을 대조하여 누락시킨 재산은 없는지, 신고할 때 공제 받은 부채 등은 정당한지 등을 조사하여 상속세를 결정한다.

그러므로 상속세 신고서와 관련 증빙서류는 상속세를 결정할 때까지 잘 보관하여야 한다.

또한 상속세가 결정되고 신고누락 및 부당공제 부분에 대하여 세금까지 추징당하였다 하여 모든 게 다 끝난 것은 아니다.

상속세를 결정할 때 채무로 공제 받은 금액 중 상속인이 스스로의 힘으로 변제할 수 없다고 인정되거나 세무서에서 사후관리하고 있다가 채무를 변제하면 자금출처를 조사하여 증여를 받은 사실이 확인되는 경우, 당초 신고한 채무가 가공부채로 확인되는 경우 증여세 또는 상속세를 부과하고 있다.

> ▶ 관련 법규: 「상속세 및 증여세법」 제14조
> 「상속세 및 증여세법 시행령」 제10조

납세자가 자주 묻는 상담사례 Top 10 – 상속세

Q1 고령인 저는 배우자가 먼저 사망하였고 현재 20억 원 정도의 자산을 보유하고 있습니다. 자녀 5명에게 나누어 증여하고 사망 시점에는 재산이 거의 없도록 할 계획입니다. 이미 자녀들이 증여세를 납부했으므로 상속세는 납부하지 않아도 되나요?

A1 상속개시일 전 10년 이내에 상속인에게 증여한 재산가액은 상속세 과세가액에 가산하여 상속세를 과세합니다. 따라서 사망전 미리 증여해서 상속개시일 당시 피상속인의 재산이 없더라도 10년 이내에 증여한 재산이 있는 경우 상속세를 납부할 수 있습니다. 다만 증여세와 상속세의 중복과세를 피하기 위하여 가산한 증여재산의 기납부한 증여세액은 상속세산출세액에 상속재산의 과세표준에 대하여 가산한 증여재산의 과세표준이 차지하는 비율을 곱하여 계산한 금액을 한도로 상속세산출세액에서 공제하며, 상속세 과세가액에 가산하는 증여재산에 대하여 부과제척기간의 만료로 인하여 증여세가 부과되지 아니하는 경우와 상속세 과세가액이 5억 원 이하인 경우에는 증여세액을 공제하지 않습니다.

길라잡이

- 「상속세 및 증여세법」제13조제1항에 따라 상속세 과세가액은 상속재산의 가액에서 상속개시일 전 10년 이내에 피상속인이 상속인에게 증여한 재산가액을 가산한 금액으로 하는 것임(재산세과−102, 2011.02.24.)

- 상속세 과세가액(「상속세 및 증여세법」 제13조제1항 참조)

  상속세 과세가액은 상속재산의 가액에서 공과금, 장례비용, 채무를 뺀 후 다음 각 호의 재산가액을 가산한 금액으로 합니다.

  1. 상속개시일 전 10년 이내에 피상속인이 상속인에게 증여한 재산가액

  2. 상속개시일 전 5년 이내에 피상속인이 상속인이 아닌 자에게 증여한 재산가액

- 증여세액공제(「상속세 및 증여세법」 제28조제1항 참조)

  상속재산에 가산한 증여재산에 대한 증여세액은 상속세 산출세액에서 공제합니다.

납세자가 자주 묻는 상담사례 Top 10 – 상속세

Q2 거주자인 부친께서 돌아가시는 경우 적용받을 수 있는 공제 중 기초공제와 그 밖의 인적공제에 대해 알려 주세요.

A2 기초공제액은 2억 원이며, 그 밖의 인적공제는 아래 요건에 해당되는 인별 계산 금액을 합하여 공제받을 수 있습니다.

- 자녀(태아 포함)공제: 5천만 원
- 미성년자(태아 포함)공제: 1천만 원×19세에 달하기까지의 연수
  - 상속인(배우자 제외) 및 동거가족 중 미성년자가 있는 경우
- 연로자공제: 5천만 원
  - 상속인(배우자 제외) 및 동거가족 중 65세 이상인 자가 있는 경우
- 장애인공제: 1천만 원×통계법 제18조에 따라 고시한 성별 및 연령별 기대여명연수
  - 상속인 및 동거가족 중 장애인이 있는 경우

길라잡이

- 자녀공제와 미성년자공제는 중복 공제되며, 장애인공제와 다른 인적공제는 중복 공제되지만, 그 이외에는 중복 공제 받을 수 없습니다.
- 동거가족(「상속세 및 증여세법」 집행기준 20-18-1 참조)

  동거가족이란 상속개시일 현재 피상속인의 재산으로 생계를 유지하는 직계존비속(배우자의 직계존비속 포함) 및 형제자매를 말합니다.

- 장애인의 범위(「상속세 및 증여세법 시행령」 제18조제3항 참조)

  ① 「장애인복지법」에 따른 장애인 및 「장애아동 복지지원법」제21조제1항에 따른 발달재활서비스를 지원받고 있는 사람

  ② 「국가유공자 등 예우 및 지원에 관한 법률」에 의한 상이자 및 이와 유사한 사람으로서 근로능력이 없는 사람

  ③ 항시 치료를 요하는 중증환자

- **관련 법규:** 「상속세 및 증여세법」 제20조(그 밖의 인적공제)

Q3 거주자인 부친께서 전 재산(시가 4억 원)을 손자인 제 아들에게 상속하겠다고 유언을 남겼으며 사망 전 증여한 재산은 없습니다. 일반적으로 일괄공제 5억 원이 적용되는 것으로 아는데, 유언대로 상속하게 될 경우 상속세를 납부하지 않게 되나요?

A3 일반적으로 거주자인 피상속인이 사망하는 경우 기초공제와 그 밖의 인적공제를 합한 금액이 5억 원 이하인 경우에도 일괄공제 5억 원이 적용되어 상속세 과세가액이 5억 원 이하인 경우 상속세를 납부하지 않습니다.

다만, 선순위인 상속인이 아닌 자에게 유증 등을 한 경우에는 「상속세 및 증여세법」 제24조에 따라 상속세 과세가액에서 유증등의 금액을 빼고 공제를 적용하므로 위 사례와 같은 경우 상속공제를 받을 수 없게 되어 상속세를 납부하게 됩니다.

또한, 세대를 건너뛴 상속에 해당하여 할증과세가 적용됩니다.

길라잡이

● 일괄공제(「상속세 및 증여세법」 제21조제1항 참조)

거주자의 사망으로 상속이 개시되는 경우에 상속인이나 수유자는 기초공제와 그 밖의 인적공제에 따른 공제액을 합친 금액과 5억 원 중 큰 금액으로 공제받을 수 있습니다.

● 공제적용의 한도(「상속세 및 증여세법」 제24조 참조)

상속공제할 금액은 상속세 과세가액에서 다음 각 호의 어느 하나에 해당하는 가액을 뺀 금액을 한도로 하며, 제3호는 상속세 과세가액이 5억 원을 초과하는 경우에만 적용합니다.

1. 선순위인 상속인이 아닌 자에게 유증등을 한 재산의 가액

2. 선순위인 상속인의 상속 포기로 그 다음 순위의 상속인이 상속받은 재산의 가액

3. 상속세 과세가액에 가산한 증여재산가액(증여재산공제와 재해손실공제액을 뺀 금액을 의미함)

● 관련 법규: 「상속세 및 증여세법」 제27조(세대를 건너뛴 상속에 대한 할증과세)

납세자가 자주 묻는 상담사례 Top 10 – 상속세

Q4 거주자인 피상속인이 사망하였고 상속인은 배우자와 성인 자녀 1인이 있습니다. 만약 배우자가 상속을 포기하고 자녀만 상속받게 되면, 배우자상속공제를 적용받을 수 없나요?

A4 거주자인 피상속인의 배우자가 상속을 포기하여 상속인인 자녀만 상속을 받는 경우에도 배우자상속공제, 일괄공제(기초공제와 그 밖의 인적공제를 합한 금액과 비교하여 큰 금액)는 적용됩니다. 다만, 「상속세 및 증여세법」 제24조에 따라 공제 금액의 한도액을 검토해야 합니다.

관련지식

- 거주자의 사망으로 상속이 개시되고 상속개시 당시 피상속인에게 배우자 및 자녀가 있는 때에는 그 배우자나 자녀가 상속의 포기 등으로 상속을 받지 아니한 경우에도 「상속세 및 증여세법」 제19조 및 제20조의 규정에 의한 공제를 받을 수 있는 것이나, 같은법 제24조의 "공제적용의 한도" 규정이 적용됩니다. (재산세과-179, 2011.04.07.)

- 배우자 상속공제(「상속세 및 증여세법」 제19조제4항 참조)
  배우자가 실제 상속받은 금액이 없거나 상속받은 금액이 5억 원 미만이면 5억 원을 공제한다.

- 배우자의 상속순위(「민법」 제1003조 참조)
  ① 피상속인의 배우자는 제1000조제1항제1호와 제2호의 규정에 의한 상속인이 있는 경우에는 그 상속인과 동순위로 공동상속인이 되고 그 상속인이 없는 때에는 단독상속인이 된다
  ② 제1001조의 경우에 상속개시 전에 사망 또는 결격된 자의 배우자는 동조의 규정에 의한 상속인과 동순위로 공동상속인이 되고 그 상속인이 없는 때에는 단독상속인이 된다.

Q5

80세에 사망한 부친은 30년 이상 가업을 영위하였으며, 발행주식 중 70%를 보유하고 있습니다. 보유 주식 중 60%는 개업 시 부터 보유하였으나 나머지 10%는 사망 3년 전 모친에게서 증여 받았 습니다. 제가 가업을 승계하는 경우 다른 가업상속공제 요건이 충족 되면 3년 전 부친이 증여로 취득한 지분 10%도 가업상속공제를 적용받을 수 있나요?

A5

일반적으로 가업상속공제를 적용받기 위해서는 피상속인이 일정 기간 대표이사에 재직하면서 가업을 10년 이상 계속하여 경영 하였고 해당 기간 중 피상속인을 포함한 최대주주 등이 40%(상장 법인 20%) 이상 지분을 계속 보유했어야 하며, 상속인은 상속 개시일 전 2년 이상 가업에 종사했어야 합니다. 또한 그 외 추가 적인 가업상속공제 요건이 있는 바, 이를 모두 충족하는 가업을 상속인이 상속받는 경우 피상속인이 10년 이상 직접 보유하지 않은 주식에 대해서도 가업상속공제를 적용받을 수 있습니다.

길라잡이

- 【질의1】 가업상속에 해당되는 법인의 경우 해당 법인 주식 중 피상속인이 직접 10년 이상 보유한 주식에 대해서만 가업상속공제가 적용되는지 여부

  (1안) 해당 법인 주식 중 피상속인이 직접 10년 이상 보유한 주식에 대해서만 적용됨

  (2안) 해당 법인 주식 중 피상속인이 10년 이상 보유하지 않은 주식에 대해서도 적용됨

  【질의2】 [질의1]이 (2안)인 경우 동 세법해석의 적용 시기

  (1안) 예규 생산일 이후 납세의무 성립분부터 적용

  (2안) 예규 생산일 이후 결정 · 경정분부터 적용

  【회신】 귀 질의의 경우 질의1은 2안, 질의2는 2안이 타당합니다
  (기획재정부 조세법령운용과-10, 2022.01.05.)

- 관련 법규: 「상속세 및 증여세법」 제18조의2, 「상속세 및 증여세법 시행령」 제15조

납세자가 자주 묻는 상담사례 Top 10 - 상속세

Q6 상속세 신고 시 적용받을 수 있는 동거주택 상속공제에 대해 알려 주세요.

A6 다음과 같은 요건을 모두 만족하게 되는 경우 상속주택가액(주택 부수토지 가액을 포함하며, 해당 주택에 담보된 피상속인의 채무액은 차감함)과 6억 원 중 적은 금액을 한도로 하여 동거주택 상속공제를 받을 수 있습니다.

1. 피상속인과 상속인(직계비속 및 「민법」에 따라 대습상속인이 된 그 직계비속의 배우자로 한정. 이하 같음)이 상속개시일부터 소급하여 10년 이상(상속인이 미성년자인 기간은 제외) 계속하여 하나의 주택에서 동거할 것

2. 피상속인과 상속인이 상속개시일부터 소급하여 10년 이상 계속하여 1세대를 구성하면서 1세대 1주택에 해당(무주택인 기간은 1세대 1주택에 해당하는 기간에 포함)

3. 상속개시일 현재 무주택자이거나 피상속인과 공동으로 1세대 1주택을 보유한 자로서 피상속인과 동거한 상속인이 상속받은 주택

알아두기

- 상속개시일부터 소급하여 10년 이상 계속하여 같이 거주하였는지 여부 판단 시 상속인이 피상속인과 같이 거주하다 중도에 퇴거한 경우 다시 합가한 시점부터 동거기간을 새로 계산합니다. 다만, 징집 등 「상속세 및 증여세법 시행령」 제20조의2제2항에 해당하는 경우에는 계속하여 같이 거주하는 것으로 봅니다. (동거기간에는 미산입)

- 동거주택을 공동으로 상속받더라도 공제 요건을 갖춘 상속인의 지분에 대해서는 공제 적용이 가능합니다.

- 피상속인의 배우자가 주택을 상속받는 경우에는 적용되지 않습니다.

- 관련 법규: 「상속세 및 증여세법」 제23조의2,
「상속세 및 증여세법 시행령」 제20조의2

Q7 상속인들간의 다툼으로 인해 상속재산 분할이 늦어지고 있습니다. 상속세 과세표준 신고기한을 연장할 수 있나요?

A7 일반적인 상속세 과세표준 신고기한은 상속개시일이 속하는 달의 말일부터 6개월 이내입니다.

예외)

① 유언집행자 또는 상속재산관리인이 상속개시일이 속하는 달의 말일부터 6개월 이내에 지정(선임)되는 경우에는 그 지정(선임) 되는 날부터 6개월 이내

② 피상속인이나 상속인이 외국에 주소를 둔 경우에는 상속개시일이 속하는 달의 말일부터 9개월 이내

상속세 과세표준 신고기한에 대한 추가적인 예외 규정은 없기 때문에 문의 사항과 같이 상속인들간의 다툼으로 인해 상속재산 분할이 늦어지게 되더라도 신고기한은 연장되지 않습니다.

길라잡이

● 「상속세 및 증여세법」제67조제1항의 규정에 의한 상속세 과세표준 신고기한은 상속개시일이 속하는 달의 말일부터 6월 이내이며, 상속개시일은 피상속인이 사망한 날(실종선고로 인하여 상속이 개시되는 경우에는 실종선고일)을 말하는 것으로서, 이에 대한 예외 규정은 없음(재산세과-192, 2010.03.30.)

● 신고기한이 상속개시일이 속하는 달의 말일부터 9개월 이내인 '상속인이 외국에 주소를 둔 경우'라 함은 외국에 주소를 둔 상속인이 있는 경우(「상속세 및 증여세법」 기본통칙 67-0…1)를 말함.

● **관련 법규:** 「상속세 및 증여세법」 제67조

납세자가 자주 묻는 상담사례 Top 10 – 상속세

Q8 기본적인 상속세 연부연납 요건에 대해 알고 싶습니다.

A8 연부연납은 납부할 상속세액이 2천만 원을 초과하는 경우에 납세담보를 제공하고 신청하며, 과세표준신고(수정신고, 기한후신고 포함)와 함께 제출하거나 과세표준과 세액의 결정통지를 받은 경우에는 해당 납부서의 납부기한까지 신청하면 됩니다. 이 경우 매년 분할 납부할 세액이 1천만 원을 초과하도록 하여 10년(가업을 상속받는 등 일정한 요건을 만족하는 경우에는 20년)의 범위 내에서 연부연납기간을 정하여 신청할 수 있으며, 관할관서에서 허가하는 경우 허가 내용대로 납부하면 됩니다.

연부연납금액에 대해서는 「국세기본법 시행령」 제43조의3제2항 본문에 따른 이자율로 계산한 가산금을 추가로 부담하여야 합니다.

길라잡이

● 연부연납 신청 및 허가

연부연납 대상세액	신청기한	허가통지기한
과세표준신고 세액	신고기한 이내	신고기한부터 9개월
수정신고 (기한후신고) 세액	수정신고 (기한후신고) 시	신고일이 속하는 달의 말일부터 9개월
무신고·무납부 등 고지세액	납부고지서상 납부기한	납부기한이 지난날부터 14일

※ 허가통지기한까지 허가 여부에 대한 서면을 발송하지 않은 경우 허가한 것으로 간주함
※ 「국세징수법」 제18조제1항제1호부터 제4호까지의 담보를 제공한 경우에는 신청일에 허가받은 것으로 간주함

● 연부연납 허가를 받은 납세자가 연부연납세액을 지정된 납부기한까지 납부하지 않는 등 「상속세 및 증여세법」 제71조제4항에 해당하는 행위를 하는 경우에는 연부연납 허가가 취소, 변경될 수 있으며 관련 세액의 일부 또는 전부가 징수될 수 있습니다.

● **관련 법규**: 「상속세 및 증여세법」 제71조, 「상속세 및 증여세법 시행령」 제67조

Q9 상속 재산 평가 시 인정되는 시가란?

A9 시가란 불특정 다수인 사이에 자유로이 거래가 이루어지는 경우 통상 성립된다고 인정되는 가액을 말하는 것으로 상속개시일 전 6개월부터 상속개시일 후 6개월까지(이하 "평가기간"이라 함) 기간 중 매매등이 있는 경우에는 해당 매매가액·감정가액·수용가액·민사집행법에 따른 경매가액·공매가액(이하 "매매가액등"이라 함)을 말하며, 신고기한 내에 신고한 경우 유사재산의 매매가액등은 평가기간 이내의 신고일까지의 가액을 말합니다.

다만, 상장주식(코스피시장과 코스닥시장에서 거래되는 주권상장법인의 주식)은 상속개시일 이전·이후 2개월 동안 공표된 매일의 거래소 최종 시세가액의 평균액을 말하며, 국세청장이 고시하는 가상자산사업자의 사업장에서 거래되는 가상자산의 경우에는 상속개시일 전·이후 1개월 동안 가상자산사업자가 공시하는 일평균가액의 평균액을 말합니다(그 외의 사업장에서 거래되는 가상자산은 상속개시일에 해당 사업장에서 공시하는 일평균가액 또는 종료시각에 공시된 시세가액 등 합리적으로 인정되는 가격을 말함).

길라잡이

● 상장주식은 상속개시일 이전·이후 2개월 동안 공표된 매일의 거래소 최종 시세가액의 평균액이 시가가 되므로, 상속받은 상장주식을 평가기간내에 매도하였더라도 상속재산 평가시 해당 매매가액이 시가로 인정되지 않습니다.

※ 국내 상장주식 평가시 참고 경로

[국세청 홈택스(www.hometax.go.kr) → 세금신고 → 상속세신고 → 신고도움 자료 조회 → 상속·증여재산 평가하기 → 상속·증여재산 스스로 평가하기 \(상장주식)]

● **관련 법규:**「상속세 및 증여세법」제60조,「상속세 및 증여세법 시행령」제49조

납세자가 자주 묻는 상담사례 Top 10 - 상속세

Q10 아파트 평가 시 해당 자산의 매매가액등이 없을 때 시가 산정의 기준이 되는 유사재산의 범위는 어떻게 되나요?

A10 유사재산이란 해당 상속재산과 면적 · 위치 · 용도 · 종목 및 기준시가가 동일하거나 유사한 다른 재산을 말하며,

아파트의 경우 평가대상 아파트와 동일한 공동주택단지 내에 있고, 주거전용면적의 차이가 평가대상 아파트 주거전용면적의 5% 이내이며, 공동주택가격의 차이가 평가대상 아파트 공동주택가격의 5% 이내이면 유사재산으로 봅니다. 유사재산에 해당하는 아파트가 둘 이상인 경우에는 평가대상 아파트와 공동주택가격 차이가 가장 적은 아파트를 말합니다. 이 경우 공동주택가격은 상속개시일 당시의 공동주택가격을 기준으로 판단합니다.

길라잡이

● 평가의 원칙등(「상속세 및 증여세법 시행규칙」 제15조제3항 참조)
1. 「부동산 가격공시에 관한 법률」에 따른 공동주택가격이 있는 공동주택의 경우: 다음 각 목의 요건을 모두 충족하는 주택. 다만, 해당 주택이 둘 이상인 경우에는 평가대상 주택과 공동주택가격 차이가 가장 작은 주택을 말합니다.
   가. 평가대상 주택과 동일한 공동주택단지(「공동주택관리법」에 따른 공동주택단지를 말한다) 내에 있을 것
   나. 평가대상 주택과 주거전용면적(「주택법」에 따른 주거전용면적을 말한다)의 차이가 평가대상 주택의 주거전용면적의 5% 이내일 것
   다. 평가대상 주택과 공동주택가격의 차이가 평가대상 주택의 공동주택가격의 5% 이내일 것
2. 제1호 외의 재산의 경우: 평가대상 재산과 면적 · 위치 · 용도 · 종목 및 기준시가가 동일하거나 유사한 다른 재산

● 관련 법규: 「상속세 및 증여세법 시행령」 제49조제4항

세금절약 가이드

제**4**장

증여세 알뜰정보

1 부담부증여는 왜 양도소득세를 신고·납부해야 하는지 알아보자.

양도소득세 과세대상인 자산이 등기 또는 등록과 관계없이 매도, 교환, 법인에 대한 현물출자 등의 방법으로 사실상 유상 이전되는 경우 양도소득세가 과세된다.

증여자의 증여재산에 담보된 채무를 수증자가 인수하는 부담부증여의 경우 증여가액 중 그 채무액에 상당하는 부분은 그 자산이 유상으로 사실상 이전된 것으로 본다.

따라서, 양도소득세의 과세대상이 되는 자산을 채무와 함께 증여하는 경우에는 증여(증여재산가액−채무액)에 해당될 뿐만 아니라 양도(채무액)에도 해당되는 것이다.

예를 들어, 2015년 1월 1일 아버지가 2억 원에 취득하여 보증금 2억 원에 전세를 주고 있는 아파트를 아들에게 2021년 1월 1일 증여할 경우에 일반증여와 부담부증여를 비교해 보자. 이 때 양도소득세 계산 시 시가는 5억 원이고 1세대 1주택, 비조정지역 내, 기타 필요경비 등은 없는 것으로 가정한다.

◆ 일반증여 시 납부할 세액: 7천 760만 원

구 분	증여세
증여재산가액	5억 원
채무액	–
증여세 과세가액	5억 원
증여재산공제	5천만 원
증여세 과세표준	4억 5천만 원
세율	20%(누진공제 1천만 원)
산출세액	8천만 원
신고세액공제	240만 원
납부할 세액	7천 760만 원

◆ 부담부 증여 시 납부할 세액: 6천 503만 원

구 분	증여세	구 분	양도소득세
증여재산가액	5억 원	양도가액	2억 원
채무액	2억 원	취득가액	8천만 원
증여세 과세가액	3억 원	양도차익	1억 2천만 원
증여재산공제	5천만 원	기본공제	250만 원
증여세 과세표준	2억 5천만 원	과세표준	1억 1,750만 원
세율	20%	세율	35%
산출세액	4천만 원	산출세액	2천 623만 원
신고세액 공제	120만 원		
납부할 세액	3천 880만 원		

일반증여의 경우 수증자인 자녀가 증여세로 7천 760만 원을 납부하여야 하고, 부담부 증여의 경우 수증자인 자녀가 증여세로 3천 880만 원을 납부하고 아버지가 양도소득세로 2천 623만 원을 납부하여야 한다.

참고로 국세청에서는 부담부증여 시 수증자가 인수한 채무에 대하여 전산에 입력하여 사후관리하고 있으며 입력된 사후관리대상 부채를 매년 1회 이상 검증을 하고 있다.

부채를 사후관리 하는 이유는 수증자가 부채를 실제로 인수한 것인지를 확인하여, 그 상환자금의 출처는 무엇인지를 확인하기 위해서이다.

특히, 미성년자의 부채상환자금에 대해서는 자금출처를 보다 정밀하게 확인하여 증여세 탈루여부를 철저히 검증하고 있다.

> ▶ 관련 법규: 「소득세법」 제88조
> 　　　　　「상속세 및 증여세법」 제47조
> 　　　　　「상속세 및 증여세법 시행령」 제36조

2 증여세 세금계산 구조

세금계산 구조는 직접적인 절세방안은 아니나 전반적인 흐름을 알고 있으면 다양한 절세방안을 찾을 수 있을 것이기에 간단히 소개하고자 한다.

증여재산가액	+	10년 내 증여재산	−	담보된 채무	=	증여세 과세가액

- 증여당시 시가
- 10년 내 동일인으로부터 증여받은 재산가액
- 증여자가 직계존속의 경우에는 그 배우자 포함
- 증여재산에 담보된 채무

증여세 과세가액	−	증여재산공제	=	과세표준

〔증여자 기준〕
- 배우자 : 6억 원
- 직계존속 : 5천만 원 (미성년자 : 2천만 원), 1억 원(혼인·출산)
- 직계비속 : 5천만 원
- 기타친족 : 1천만 원

과세표준	×	세율	=	산출세액

- 10% ~ 50%
- 창업자금 10%
- 가업승계 10%(20%)

산출세액	+	세대를 건너뛴 증여에 대한 할증과세	−	세액공제 등	=	납부할 세액

- 산출세액의 30%(40%) 할증
- 신고세액공제
- 외국납부세액공제
- 영농자녀 증여세 감면
- 박물관 자료 등 징수유예

3 결혼하거나 출산하면 1억 원을 추가로 공제받을 수 있다.

거주자인 수증자가 2024년 1월 1일 이후 직계존속으로부터 '혼인신고일 전후 2년 이내' 또는 '자녀의 출생·입양일로부터 2년 이내' 재산을 증여받으면 직계존속 증여재산공제 5천만 원과 별개로 1억 원을 증여세 과세가액에서 공제받을 수 있다.

예를 들어, 2024년 6월 26일 결혼을 앞둔 자녀(A)가 신혼집의 전세보증금 지급을 위해 2024년 2월 1일 어머니에게 현금 1억 5천만 원을 받은 경우, 직계존속 증여재산공제 5천만 원과 혼인공제 1억 원을 공제받게 되어 납부할 증여세가 없게 된다(2024년 2월 1일 이전에 증여받은 재산이 없다고 가정).

만약 자녀(A)가 파혼하여 실제 결혼을 못하게 되면 어떻게 될까?

자녀(A)가 파혼한 달의 말일부터 3개월 이내에 혼인공제 받은 1억 원을 어머니에게 반환하면 처음부터 증여가 없었던 것으로 본다(5천만 원은 파혼하였어도 직계존속 증여재산공제 가능).

반환하지 않은 경우에는 1억 원에 대한 증여세 본세와 가산세 및 이자상당액을 납부해야 하는데, 증여일로부터 2년이 되는 달의 말일부터 3개월이 되는 날까지 수정신고(기한 후 신고 포함)한 경우에는 가산세를 면제하여 준다.

위 자녀(A)가 실제 결혼을 하여 2025년 7월 1일 첫아이를 출산하고 어머니로부터 1억 원을 추가로 증여받은 경우 출산공제를 받을 수 있을까?

혼인·출산 증여재산공제는 수증자 기준으로 최대 1억 원까지만 공제가 가능하므로 이미 1억 원의 혼인공제를 받은 자녀(A)는 추가로 출산공제를 받을 수 없다.

한편, 자녀(B)는 2024년 1월 31일 혼인신고를 하였고, 어머니로부터 전세보증금 1억 원을 2023년 12월 31일에 증여받았다. 이 경우 자녀(B)는 혼인공제를 적용받을 수 있을까?

혼인ㆍ출산 증여재산공제는 2024년 1월 1일 이후 증여받은 분부터 적용되므로 2023년 12월 31일에 증여받은 자녀(B)는 혼인공제를 적용받을 수 없다.

결혼, 출산, 양육지원을 목적으로 도입된 혼인ㆍ출산 증여재산공제를 잘 활용하여 증여세를 절감하도록 하자.

▶ 관련 법규: 「상속세 및 증여세법」 제53조의2

4

사전계획에 따라 내는 증여세는 기꺼이 부담하자.

상속세를 절세하기 위해서 또는 미리 재산을 분배해 줄 목적으로 사전에 재산을 증여하는 경우가 흔히 있다. 왜냐하면 증여세를 어느정도 물더라도 지금 자녀에게 재산을 증여해 주면 10년, 20년 후에는 그 재산이 몇 배 몇십 배로 늘어날 수 있는데, 증여를 하지 않고 나중에 상속을 하게 되면 지금 증여세를 내는 것보다 훨씬 많은 상속세를 내야 하는 경우가 발생하기 때문이다.

예를 들어 지금 아들(25세)에게 1억 2천만 원짜리 부동산을 증여하면 자녀공제 5,000만 원을 공제한 7,000만 원에 대하여 증여세가 과세되는데 이에 대한 세율이 10%이므로 700만 원이 세금이 되며, 이 금액을 3개월 내에 자진신고하고 납부하면 3%를 공제해 주므로 내야할 세금은 679만 원이 된다.

그런데 증여를 하지 않고 20년 후에 아버지가 사망하였다고 가정할 경우 사망 당시 상속재산이 50억 원 가량 되고 위 부동산가액이 5억 원이라면 상속세는 50%의 세율이 적용되어 위 재산에 대한 상속세만 하더라도 2억 5천만 원이 된다. 따라서 세금부담이 약 40배 정도 늘어난다.

위 사례는 재산이 증가하는 것을 전제로 하였으나 현재의 1억 원이 20년 후에 얼마로 늘어날지 아니면 오히려 줄어들지는 알 수 없으며, 현재의 세율이 20년 후에도 변하지 않는다고 할 수도 없다.

하지만 증여를 하고 10년 이내에 증여자가 사망하면 증여한 재산가액을 상속재산가액에 가산한다.

그러나 이 경우에도 상속 재산가액에 가산하는 증여재산의 가액은 증여 당시의 가액으로 하므로 부동산이나 주식 등을 증여한 후 가격이 오르면 상속세는 크게 절약된다.

만약 상속재산이 적어 내야 할 상속세가 없다면 이미 납부한 증여세를 환급받을 수 없기 때문에 손해를 볼 수도 있는데, 이럴 때에는 부모가 직계비속에게 증여세 면세점인 5,000만 원(미성년자인 경우에는 2,000만 원) 이하로 증여하면 된다.

이와 같이 사전에 증여하면 장래의 상속세를 크게 절약할 수 있을 뿐만 아니라 소득이 없거나 적은 자녀가 나중에 다른 재산을 취득할 때 증여받은 재산에서 발생된 소득을 취득자금의 소명자료로도 활용할 수 있다.

그러므로 사전계획에 따라 납부하는 증여세는 즐거운 마음으로 납부해도 된다.

▶ 관련 법규: 「상속세 및 증여세법」 제13조, 제20조, 제53조

5 증여를 하였으면 증거를 남기자.

타인으로부터 증여를 받으면 증여받은 달의 말일부터 3개월 이내에 증여세를 신고하여야 하며, 10년 내 동일인(직계존속의 경우에는 그 배우자 포함)으로부터 증여받은 금액을 합산하여 신고하여야 한다.

◆ 증여재산공제
- 배우자로부터 증여받은 경우 : 6억 원
- 직계존속으로부터 증여받은 경우 : 5,000만 원 (2015년 12월 31일 이전 증여인 경우 3,000만 원), 1억 원(혼인 · 출산, 2024년 1월 1일 이후 증여받는 경우)
- 직계비속으로부터 증여받은 경우 : 5,000만 원 (2015년 12월 31일 이전 증여인 경우 3,000만 원)
- 배우자 및 직계존비속이 아닌 친족으로부터 증여받은 경우 : 1,000만 원 (2015년 12월 31일 이전 증여인 경우 500만 원)

그러나 신고를 해놓지 않으면 사실상 증여재산공제액 범위 내에서 증여가 있었다 하더라도 그 사실을 객관적으로 입증하기가 어려우므로 증여사실을 인정받지 못할 수도 있다.

예를 들어 아버지가 미성년자인 아들이 나중에 결혼하여 집을 장만할 때 쓰라고 아들 명의로 2,100만 원을 저축하였는데, 15년 후에 이자가 붙어 위 금액이 7,000만 원으로 늘어났다고 가정해 보자.

저축 당시 아버지가 증여세를 신고하고 증여받은 돈으로 증여세 10만 원까지 납부하였다면 15년 후에 아들이 위 저축액 7,000만 원을 찾아서 집을 장만하는데 사용하더라도 아무런 문제가 없다.

즉, 증여 사실을 인정받으려면 반드시 증여세를 신고해야 하며, 과세미달로 신고하는 것보다는 납부세액이 나오도록 증여 재산공제액보다 약간 많은 금액을 증여해서 언제, 누구로부터, 얼마만큼을 증여받아, 증여세를 얼마나 내었는지를 알 수 있게 신고서 및 영수증을 근거로 남겨놓는 것이 좋다.

특히 법인의 주식을 자녀에게 증여하는 경우에는 반드시 증여세 신고를 하고 증여세도 납부한 다음 신고서와 영수증을 보관해 두고, 주주명부상 명의개서 및 주식등변동상황명세서를 법인세 신고 시 반드시 제출하여야 한다.

중소법인의 경우 주주명부 자체를 작성 · 보존하지 않는 경우도 많고 또한 주주명부가 작성되어 있더라도 주주명부상 명의개서 등이 제대로 이루어지지 않아 주주명부 내용과 실질주주 내용이 다른 경우가 많이 발생되고 있어 나중에 주식가치가 크게 증가된 다음 명의신탁 해놓은 것으로 인정받게 되면 생각하지도 않았던 거액의 세금을 물 수 있기 때문이다.

다만 증여세를 신고 · 납부하고 해당 증빙을 갖추었더라도 2004년부터는 자력으로 해당 행위를 할 수 없다고 인정되는 자가 재산 취득 후 5년 이내에 개발사업의 시행, 사업의 인가 · 허가 등으로 재산가치가 상승한 경우에는 타인의 기여에 의해서 재산이 증가한 사유에 해당되어 증여세를 추가 납부해야한다는 점을 고려해야 한다.

Guide   직계존비속간 부동산을 매매한 경우

직계존비속에게 대가를 지급받고 양도한 사실이 명백히 인정된다면 증여추정 규정이 적용되지 아니하지만 이 경우에도 당해 재산의 시가보다 높거나 낮은 대가를 지급하는 경우에는 고가·저가양도에 따른 이익의 증여규정은 적용된다.

즉, 대가가 시가보다 큰 경우에는 그 대가와 시가의 차액에서 시가의 100분의 30에 상당하는 가액과 3억 원 중 적은 금액을 뺀 가액을 양도자의 증여재산가액으로 하여 증여세를 과세하며, 시가가 대가보다 큰 경우에는 그 시가와 대가의 차액에서 시가의 100분의 30에 상당하는 가액과 3억 원 중 적은 금액을 뺀 가액을 수증자의 증여재산가액으로 하여 증여세를 과세한다.

▶ 관련 법규: 「상속세 및 증여세법」 제42조의3, 제45조의2, 제53조

6 공시지가나 기준시가가 고시되기 전에 증여하자.

시가를 산정하기 어려운 경우에는 토지는 개별공시지가, 주택은 개별(공동)주택가격, 주택 이외의 건물은 국세청 기준시가로 부동산 가액을 평가하여 증여세를 계산한다.

그런데 개별공시지가, 개별(공동)주택가격 및 국세청 기준시가는 통상 1년에 한번씩 고시하므로 부동산 가액을 평가할 때는 증여일 현재 고시되어 있는 개별공시지가나 국세청 기준시가(이하 '기준가격'이라 함) 등을 적용한다.

즉, 증여일 현재 당해연도의 기준가격이 고시되어 있으면 새로 고시된 당해연도의 기준가격을 적용하지만, 당해연도의 기준가격이 고시되어 있지 않으면 이미 고시되어 있는 전년도의 기준가격을 적용한다.

그러므로 동일한 연도에 동일한 부동산을 증여하더라도 당해연도의 기준가격이 고시되기 전에 증여하느냐 고시된 후에 증여하느냐에 따라 세금의 크기가 달라진다.

개별공시지가는 매년 5월 말까지, 개별(공동)주택가격은 매년 4월 말까지, 국세청 기준시가는 오피스텔·상업용 건물 등의 경우 매년 12월 말경에 고시하고 있다.

따라서 기준가격이 전년도보다 높게 결정될 것으로 예상되는 때에는 기준가격이 고시되기 전에, 전년도보다 낮게 고시될 것으로 예상되는 때에는 기준가격이 고시된 후에 증여하면 세금을 절감할 수 있다.

토지의 경우 개별공시지가를 결정·고시하기 전인 5월 초에 토지소재지 관할 시·군·구 또는 읍·면·동사무소에서 토지 소유자 등에게 공람을 거친 후 5월 31일경에 확정 고시한다.

그러므로 사전에 개별공시지가에 대한 열람을 통하여 증여하고자 하는 토지의 공시지가를 예측할 수 있다.

상업용건물 등의 국세청 기준시가는 매년 실지거래가액을 조사한 후 시세변동 및 가격편차를 감안하여 결정하고 있다. 그러므로 건물 가격이 전년도에 비하여 상승하였다면 금년도 기준시가도 상승할 것으로 보면 된다.

특히 2005년부터는 국세청 상업용건물·오피스텔의 기준시가도 소유자가 열람할 수 있으므로 사전에 고시될 기준시가를 확인할 수 있다.

지금까지 예로 봐서는 개별공시지가나 국세청 기준시가는 특별한 경우를 제외하고는 매년 전년도보다 조금씩 높게 결정되고 있다.

따라서 부동산을 증여하고자 하는 경우에는 부동산가격이 하락하는 등 특별한 사유가 없는 한 고시일 이전에 증여하면 세금을 조금이라도 절약할 수 있다.

개별공시지가·개별주택가격은 토지(건물)소재지 시·군·구청 누리집에 접속하여 검색해 볼 수 있으며, 국세청 기준시가는 국세청 홈택스를 방문하여 상담·고충·제보·기타〉기타〉기준시가조회를 클릭하면 고시내용을 확인해 볼 수 있다.

공동주택가격은 2006년부터 국토교통부 공동주택가격 열람시스템 누리집(www.realtyprice.kr)에서 검색할 수 있다.

7

상속재산 협의분할은 상속등기 전에 하자.

피상속인이 유언을 하지 않고 사망을 하면 민법의 규정에 의한 법정상속이 이루어지며, 법정상속은 지분으로 상속이 되기 때문에 상속인이 여러 명 있는 경우에는 상속재산을 공유하게 된다.

재산을 공유하게 되면 관리하거나 처분하는데 불편이 따르므로 공동상속인들이 협의하여 상속재산을 분할하는 경우가 있는데 이를 '협의분할'이라 한다.

협의분할을 하게 되면 지분에 변동이 생기게 되는데, 협의분할이 각 상속인의 상속분이 확정되어 등기·등록 전에 이루어졌느냐 후에 이루어졌느냐에 따라 증여세를 내고 안내고 하는 차이가 있다.

먼저, 협의분할을 한 후 최초로 상속등기를 하는 경우 특정상속인이 법정상속분을 초과하여 상속재산을 취득하게 되더라도 이는 공동 상속인으로부터 증여받은 것으로 보지 않고 피상속인으로부터 상속 받은 것으로 보므로 증여세 문제가 발생하지 않는다.

그러나 법정상속분대로 상속등기 등을 하여 각 상속인의 상속지분이 확정된 후에 협의분할을 하여 특정상속인이 법정상속분을 초과하여 상속재산을 취득하는 경우 그 초과된 부분에 상당하는 재산가액은 공동상속인 중 지분이 감소된 상속인으로부터 증여받은 것으로 본다.

다만, 법정지분대로 상속등기 등을 하였다가 상속인간 협의에 의해 상속분을 재확정하여 상속세 신고기한 내에 경정등기를 하고 상속세를 신고한 경우에는 지분변동분에 대하여 증여세를 과세하지 않는다.

그러므로 상속재산을 협의분할하고자 하는 경우에는 등기·등록·명의개서 등을 하기 전에 분할하되, 등기 등을 했다가 재분할을 하더라도 상속세 신고기한 내에 경정등기를 하고 변경된 내용대로 상속세를 신고해야 상속지분 변동분에 대해 증여세를 부담하지 않게 된다.

> ### 🔍 Guide　참고
>
> - 상속세 물납신청한 재산에 대해서만 먼저 법정상속지분으로 등기하여 물납을 신청하였으나 과세관청으로부터 물납신청이 거부된 후, 상속인들이 상속재산 전부를 협의분할하여 등기하는 경우 물납거부된 상속재산의 지분변경에 대하여는 증여재산에 포함되지 아니한다.

▶ 관련 법규: 「상속세 및 증여세법」 제4조
　　　　　　「상속세 및 증여세법 시행령」 제24조

8

증여한 재산을 되돌려 받으려거든 3개월 내에 돌려받자.

아파트 2채를 소유하고 있는 이주택 씨는 아들이 결혼을 하게 되어 아파트 하나를 아들에게 증여했다.

며칠이 지난 후 세무사를 하는 친구를 만나 자랑삼아 얘기를 했더니 그 친구는 아파트 기준시가를 확인해 보고 나서 증여세를 2,400만 원 내야 한다고 하지 않는가?

아들이 아직 그만한 세금을 낼 능력이 안되기에 이주택 씨는 자기가 세금을 내 줄 수밖에 없다고 하자 친구는 그러면 그것에 대해서 또 다시 증여세 480만 원을 내야 한다고 한다.

이주택 씨가 세금은 생각하지도 않고 증여를 했다가 세금만 내게 생겼다고 하자, 친구는 아파트를 다시 이주택 씨 명의로 되돌려 놓으라고 했다.

그러면 증여세를 내지 않아도 되며 명의를 이주택 씨 앞으로 해 놓고 아들이 들어가 살면 되지 않느냐고 했다.

위와 같이 증여를 했다가 이를 취소하고 되돌려 받으면 증여세 문제는 어떻게 될까?

증여를 받은 후 당사자간의 합의에 의하여 그 증여받은 재산(금전은 제외)을 증여세 신고기한(증여를 받은 날이 속하는 달의 말일로부터 3개월) 이내에 반환하는 경우에는 처음부터 증여가 없었던 것으로 본다. 따라서 당초 증여한 것이나 반환받은 것 모두에 대하여 증여세를 과세하지 않는다(단, 금전은 제외).

그러나 재산을 반환하기 전에 세무관서에서 증여세 결정을 하는 경우에는 증여세를 내야 한다.

한편 수증자가 증여받은 재산(금전은 제외)을 증여세 신고기한이 지난 후 3개월 이내에 증여자에게 반환하거나 다시 증여하는 경우에는 당초 증여에 대하여는 과세하되, 반환하거나 재증여하는 것에 대해서는 과세하지 않는다.

그러나 증여세 신고기한으로부터 3개월이 경과한 후에 반환하거나 재증여하는 경우에는 당초 증여뿐만 아니라 반환·재증여 모두에 대하여 증여세를 과세한다.

이를 요약하면 다음과 같다.

반 환 시 기	증여 목적물	당초 증여 시	반환 시
신고기한 내	금전 이외의 재산	과세 제외	과세 제외
신고기한 경과 후 3개월 이내	금전 이외의 재산	과세	과세 제외
신고기한으로부터 3개월 경과	금전 이외의 재산	과세	과세

따라서 금전을 제외한 증여 재산을 되돌려 받으려면 증여세 신고기한(증여일이 속한 달의 말일부터 3개월) 내에 되돌려 받아야 증여세를 물지 않는다.

다만, 이런 경우에는 당초 증여 및 반환하는 것에 대하여 각각 지방세인 취득세를 물어야 하므로 이것도 함께 고려하여 반환여부를 결정하여야 할 것이다.

▶ 관련 법규: 「상속세 및 증여세법」 제4조

9

6억 원 범위 내에서는
배우자에게 자산을 증여해 주는 것이 좋다.

부부간에 재산을 증여하면 증여세를 계산할 때 10년간 6억 원을 공제해준다. 즉, 6억 원 까지는 증여세가 과세되지 않는다.

예를 들어 정금슬 씨가 부인 명의로 6억 원짜리 아파트를 구입했다고 하자.

부인이 소득이 없더라도 이는 증여재산공제액(6억 원) 이하이므로 부인명의로 아파트를 구입한 데 대해 증여세는 과세되지 않는다.

만약 이 아파트를 정금슬씨 명의로 취득했다고 하면 나중에 정금슬 씨가 사망했을 때 아파트가액만큼 상속재산이 늘어나 상속세 부담도 그만큼 더 늘어나게 될 것이다.

이와 같이 6억 원 한도 내에서 부인 명의로 재산을 취득하거나 부인에게 재산을 증여해 주면 증여세를 물지 않으면서 나중에 자녀들의 상속세 부담도 덜어 줄 수 있다.

또한 부인 명의로 재산을 취득하게 되면 남편이 빚 보증을 섰다가 잘못되는 경우에도 그 재산만큼은 지킬 수 있으며, 남편이 사업을 하다가 부도 등의 사유로 세금을 체납하여 재산이 공매되는 경우에도 재산을 지킬 수 있다.

다만, 고의로 세금을 면탈할 목적으로 재산을 부인 명의로 돌려놓는 경우에는 세무서에서 「사해행위취소소송」을 제기하여 체납 세금을 징수하고 있고, 이를 잘못 이용하면 취득세 등만 부담하게 되므로 이러한 행위는 하지 않는 것이 좋다.

▶ 관련 법규: 「상속세 및 증여세법」 제53조

10 고액의 재산을 취득하는 경우에는 자금출처 조사에 대비하자.

'자금출처조사'란 어떤 사람이 재산을 취득하거나 부채를 상환하였을 때 그 사람의 직업·나이, 그동안의 소득세 납부실적·재산상태 등으로 보아 스스로의 힘으로 재산을 취득하거나 부채를 상환하였다고 보기 어려운 경우, 세무서에서 소요자금의 출처를 제시하도록 하여 출처를 제시하지 못하면 이를 증여를 받은 것으로 보아 증여세를 징수하는 것을 말한다.

재산취득 자금출처 해명안내문을 받으면 해명자료는 최대한 구비하여 제출하여야 하며,

자금출처로 인정되는 대표적인 항목과 증빙서류는 다음과 같다.

구 분	자금출처로 인정되는 금액	증빙서류
근 로 소 득	총급여액 − 원천징수세액	원천징수영수증
원천징수소득 (이자·배당·기타소득 포함)	총지급액 − 원천징수세액	원천징수영수증
사 업 소 득	소득금액 − 소득세상당액	소득세신고서 사본
차 입 금	차 입 금 액	부채증명서
임 대 보 증 금	보증금 또는 전세금	임대차계약서 사본
보유재산 처분액	처분가액 − 양도소득세 등	매매계약서 사본
현금·예금 수증	증여재산가액	통장사본

특히 개인간의 금전거래의 경우에는 사적인 차용증, 계약서, 영수증 등만 가지고는 거래사실을 인정받기 어려우므로 이를 뒷받침할 수 있는 예금통장사본, 무통장입금증 등 금융거래 자료를 준비하는 것이 좋다.

> ▶ 관련 법규: 「상속세 및 증여세법」 제45조
> 　　　　　　「상속세 및 증여세법 시행령」 제34조

11 부채를 상환할 때도 상환자금의 출처 조사에 대비해야 한다.

나잘난 씨는 아들이 결혼할 나이가 되자 나중에 결혼하면 분가해 살도록 아들 명의로 국민주택규모 아파트를 1채 매입해서 1억 5천만 원에 전세를 주었다.

1년쯤 지났을 때 세무서에서 아들의 아파트 취득자금 출처에 대하여 소명하라는 안내문이 나왔으나 전세계약서와 아들의 근로소득원천 징수영수증 등을 제출하여 소명을 하였다.

얼마 후 아들이 결혼을 하게 되어 나잘난 씨가 전세금을 대신 갚아주고 아들이 입주해 살고 있는데, 이번에는 전세금 반환자금의 출처를 소명하라는 안내문이 다시 나왔다.

나잘난 씨는 지난번 자금출처조사를 할 때 소명자료를 제출했기 때문에 다 끝난 줄 알았지 전세금을 갚아 준 것에 대하여 또다시 자금출처 조사가 나올 줄은 미처 생각하지 못한 것이다.

아들이 소명자료를 제출하지 못하자 세무서에서는 나잘난 씨가 전세금 상당액을 증여한 것으로 보아 그에 대한 증여세를 고지하였다.

상속세를 결정할 때 공제받은 채무나 재산취득자금에 대한 출처를 조사할 때 자금의 원천으로 소명한 부채는 상속세 과세 시 또는 자금출처 조사 시 세무서에서 인정해 주었다고 하여 다 끝난 것이 아니다.

세무서에서는 상속·증여세(부담부증여 등)를 결정하거나 재산취득자금의 출처를 확인하는 과정에서 인정한 부채를 국세청 컴퓨터에 입력하여 관리한다.

국세청에서는 매년 정기적으로 금융회사 등 채권자에게 채무변제 여부를 조회하며, 조회결과 부채를 갚은 사실이 확인되면 부채를 갚은 자금을 소명하라는 안내문을 발송한다.

안내문을 받으면 상환자금의 출처를 소명해야 하며, 소명을 하지 못하거나 타인이 갚은 사실이 확인되면 증여세가 과세된다.

그러므로 부채를 갚는 경우에는 자금출처 조사에 대비하여 미리미리 입증서류를 챙겨두는 것이 좋다.

▶ 관련 법규 : 「상속세 및 증여세법」 제45조
　　　　　　「상속세 및 증여세법 시행령」 제34조

12 고령인 자가 거액의 재산을 처분한 경우에는 자금의 사용처에 대한 증빙을 철저히 갖추어 놓자.

국세청에서는 「과세자료의 제출 및 관리에 관한 법률」의 제정 시행, 각종 세법에 과세자료 제출의무 부여, 직접수집 등의 방법으로 다양한 과세 자료를 수집·전산입력하여 개인별로 관리하고 있는데, 그 중에는 고령인 자가 일정규모 이상의 재산을 처분하였거나 재산이 수용되어 보상금을 받은 자료도 포함되어 있다.

이와 같이 재산을 처분하거나 수용당하고 거액의 보상금을 받은 사람에 대하여는 일정기간 재산의 변동상황을 사후관리하고 있으며, 이때에는 배우자나 직계존비속 등 특수관계에 있는 자들의 재산변동상황도 함께 사후관리 한다.

사후관리 결과 특별한 사유 없이 재산이 감소한 경우에는 재산처분 대금의 사용처를 소명하라는 안내문을, 보상금을 받고 난 후 배우자나 직계존비속 등이 재산을 취득한 사실이 확인되면 취득자금의 출처를 소명하라는 안내문을 보낸다.

안내문은 재산을 처분하거나 보상금을 받은 후 바로 나오는 것이 아니라 통상 2~3년이 지난 후 나오는 것이므로 이 기간 중에 처분대금을 사용하는 경우에는 사용처에 대한 증빙을 갖추어 놓는 것이 좋다.

자금을 사용하고 몇 년이 지난 뒤에 증빙서류를 확보하기란 여간 어려운 일이 아니기 때문이다.

재산 처분대금의 사용처와 취득자금의 출처에 대한 소명요구에 대하여 소명을 명확히 하지 못하면 재산을 처분한 자가 재산을 취득한 자에게 증여한 것으로 보아 증여세를 과세한다.

특히 고령인 자가 거액의 보상금을 받은 경우 자녀들이 부동산을 취득하였다가 거액의 증여세를 추징당하는 경우가 종종 있으므로 이런 경우에는 취득자금 출처에 대한 입증서류를 더욱더 철저히 갖추어 놓을 필요가 있다.

▶ 관련 법규: 「상속세 및 증여세법」 제45조
　　　　　　 「상속세 및 증여세법 시행령」 제34조

13 자녀의 증여세를 부모가 대신 납부하면 또 다시 증여세가 과세된다.

자녀에게 부동산이나 주식 등을 증여하는 경우 증여세는 증여를 받은 자녀가 납부해야 되는데 자녀가 소득이 없으면 세금을 납부할 능력도 없다. 현금으로 증여를 받으면 증여받은 현금으로 세금을 납부하면 되지만 부동산이나 주식을 증여받으면 이를 처분하지 않는 한 세금을 납부할 방법이 없다. 그렇다고 세금을 안낼 수도 없으므로 결국 부모가 대신 납부하게 된다.

이와 같이 자녀를 대신하여 납부한 증여세는 부모가 또다시 증여한 것으로 보므로 당초 증여한 재산가액에 대신 납부한 증여세를 합산하여 추가로 과세한다.

이를 모르고 자녀에게 증여를 한 후 증여세 신고를 하고 세금까지 납부하여 증여세 문제가 깨끗이 종결되었다고 잊고 있다가 나중에 세무서로부터 증여세를 더 내야한다는 고지서를 받는 경우가 있다. 이런 경우는 바로 부모가 자녀를 대신하여 증여세를 납부했기 때문이다.

그러므로 자녀가 증여세를 납부할 수 있는 정도의 소득이 없는 경우에는 증여세 상당액만큼의 현금을 더하여 증여하면 한 번의 신고 납부로 증여세 문제를 깨끗이 해결할 수 있다.

나중에 증여세를 추징당하게 되면 그에 상당하는 가산세까지 물어야 하므로 부담만 더 늘어나게 된다.

Guide 자녀 명의로 은행에 적금을 든 경우

직업, 연령, 소득 및 재산 상태 등으로 볼 때 재산(예금, 적금, 주식매수대금, 부동산 등)을 자력(自力)으로 취득하였다고 인정하기 어려운 경우에는 그 재산을 취득한 때에 그 재산의 취득자금을 그 재산의 취득자(자녀)가 증여받은 것으로 추정하여 이를 그 재산취득자의 증여재산가액으로 한다.

또한, 차명계좌를 이용한 변칙증여에 대한 과세강화 및 차명계좌 증여추정 적용을 명확히 하기 위해 2013년 1월 1일 이후 신고하거나 결정, 경정하는 분부터 금융계좌에 보유하고 있는 재산은 명의자(자녀)가 취득한 것으로 추정하며, 만약 자녀 명의의 계좌를 개설하여 현금을 입금한 경우에는 그 입금한 시기에 증여한 것으로 추정하게 된다.

다만, 자녀 명의의 계좌로 입금한 것이 증여가 아닌 다른 목적으로 행하여진 특별한 사정이 있는 경우라면 증여로 추정하지 않으나, 그에 관한 입증책임은 이를 주장하는 납세자에게 있다.

▶ 관련 법규: 「상속세 및 증여세법」 제2조, 제4조

14

세대를 건너 뛰어 증여하면
세금을 30% 더 내야 한다.

할아버지가 손자에게 재산을 증여하면 일반적인 경우 즉, 할아버지에서 아버지로 재산이 이전되었다가 다시 아버지에서 손자로 이전되는 경우에 비하여 한 단계가 생략되었으므로 세금 부담이 훨씬 줄어든다.

이와 같이 한 세대를 건너 뛰어 재산을 이전함으로써 상속세 또는 증여세를 회피하는 행위를 방지하기 위하여 세법에서는 증여자의 자녀가 아닌 직계비속에게 재산을 증여하는 경우에는 증여세액에 세액의 30%(수증인이 미성년자이며 증여재산가액이 20억 원 초과할 경우 40%)에 상당하는 금액을 더해서 내야 한다.

다시 말해 일반적으로 계산한 증여세액이 1,000만 원이라고 할 경우 세대를 건너 뛰어 증여하면 1,300만 원의 증여세를 내야 한다.

다만, 증여자의 최근친인 직계비속이 사망하여 그 사망자의 최근친인 직계비속이 증여를 받는 경우에는 증여세를 할증하여 과세하지 않는다.

즉, 아버지가 사망한 상태에서 할아버지가 손자에게 증여하는 경우에는 할증과세를 하지 않는다.

이 경우 직계존비속관계인지 여부를 판정할 때는 부계와 모계를 모두 포함한다.

따라서 할아버지, 할머니가 손자녀에게 증여하는 경우뿐만 아니라 외할아버지, 외할머니가 외손자녀에게 증여하는 경우에도 할증과세가 된다.

이때는 물론 증여재산공제도 성년인 경우에는 5,000만 원, 미성년자인 경우에는 2,000만 원까지 공제된다.

참고로 장인과 사위, 시아버지와 며느리 사이는 직계존비속관계가 아니다. 따라서 증여재산공제액도 1,000만 원에 불과하다.

그러므로 세대를 건너 뛰어 증여를 하고자 할 때에는 할증과세를 한다는 것을 고려하여 증여 여부를 결정하는 것이 좋다.

▶ 관련 법규: 「상속세 및 증여세법」 제57조

증여세를 신고하지 않으면 정상신고한 때에 비하여 세금을 20% 이상을 더 내야 한다.

다른 사람으로부터 재산을 증여받은 자는 증여를 받은 날이 속하는 달의 말일부터 3개월 이내에 증여세를 신고하여야 하며, 신고를 하면 내야 할 세금의 3%를 공제해 준다.

혹자는 증여는 개인간에 그것도 특수관계에 있는 자간에 이루어지는 것인데 국세청에서 어떻게 증여사실을 알까 하여 신고를 하지 않는 경우가 있는데 이는 아주 잘못된 생각이다.

국세청에서는 「상속세 및 증여세법」 및 「과세자료의 제출 및 관리에 관한 법률」 등에 따라 거의 모든 과세자료를 수집 · 전산입력 하여 관리하고 있다.

따라서 등기 · 등록이나 명의개서 등을 요하는 재산의 변동사항은 물론이고 각종 기관이나 단체를 통하여 거래된 자료도 대부분 국세청에서 관리하고 있다고 보면 된다.

그러므로 증여를 받았으면 적법하게 신고를 하고 3% 세액공제를 받는 것이 조금이라도 세금을 절약하는 길이다.

또한, 증여세를 신고하여야 할 자가 신고를 하지 아니한 경우에는 내야 할 세금의 20%(또는 40%), 신고하여야 할 금액에 미달하게 신고한 경우에는 내야 할 세금의 10%(또는 40%)에 상당하는 가산세를 물어야 하며, 납부할 세금을 납부하지 아니하였거나 납부하여야 할 세금에 미달하게 납부한 때에는 납부하지 아니한 기간에 1일 0.022%를 곱한 금액을 추가로 내야 한다.

예를 들어 증여받은 재산에 대하여 1천만 원의 증여세를 내야하는 수증인이 신고하지 않아서 세무서에서 증여등기일의 말일로부터 1년 3개월이 지나서

증여세가 고지가 된 경우와 정상적으로 신고한 경우의 내야할 세금을 알아
보면 다음과 같다.

- 정상신고 시 납부할 세금 : ① − ② = 9,700,000원
  ① 납부세액 : 10,000,000원
  ② 신고세액공제 : (10,000,000원 × 3%) = 300,000원

- 무신고 시 고지된 세금 : ① + ② + ③ = 12,803,000원
  ① 납부세액 : 10,000,000원
  ② 무신고가산세 : 10,000,000원 × 20% = 2,000,000원
  ③ 납부지연가산세 : 10,000,000원 × 365 × 0.022% =
                   803,000원

그러므로 증여세를 신고 납부하여야 할 자가 신고 납부를 모두 하지 않으면
신고한 사람에 비하여 위와 같이 20% 이상을 더 내야 한다.

물론 증여받은 재산가액이 증여재산공제액에 미달하는 경우에는 내야 할
세금이 없으므로 신고를 해도 공제받을 세액이 없으며, 신고를 하지 않더라도
가산세가 부과되지 않는다. 즉 신고를 하나 하지 않으나 마찬가지다.

그러나 이 경우에도 신고를 해 놓으면 나중에 증여받은 사실에 대한
증빙이 필요할 때 요긴하게 활용할 수 있으므로 신고를 해 놓는 것이 좋다.

▶ 관련 법규 : 「국세기본법」 제47조의 2, 제47조의 4
　　　　　　「상속세 및 증여세법」 제58조, 제68조

16

계부 · 계모가 자녀에게 증여하는 경우에도 5천만 원(미성년자는 2천만 원)이 공제된다.

거래흐름도

2016년 3월 5일 증여

2억 원 상당의
아파트를 증여

증여자
(계부 이○○)

수증자
(자녀 이△△)

사실관계

• 부산 해운대구에 사는 이○○ 씨(계부)는 2016년 3월 5일 이△△ (자녀, 24세)에게 2억 원 상당의 아파트를 증여하였다.

2014년 1월 1일 부터는 위와 같이 계부 · 계모가 자녀에게 증여하는 경우에는 10년간 5천만 원 한도로 증여재산공제를 받을 수 있으며, 미성년자 (만 19세 미만)인 자녀가 증여받는 경우는 그 공제 한도가 2천만 원이 적용된다.

다만, 전처소생의 자녀가 직계혈족인 부친이 사망한 후 재혼하지 않은 계모로부터 부동산이나 현금을 증여받는 경우, 이때 계모는 4촌 이내의 인척(혈족의 배우자)에 해당하여 5천만 원이 아닌 1천만 원이 공제된다.

▶ 관련 법규: 「상속세 및 증여세법」 제53조

17 창업자금 또는 10년 이상 영위한 가업 주식을 생전에 자녀에게 증여하면 증여세 특례세율(10%)을 적용받을 수 있다.

일반 증여재산의 경우에는 10%~50%의 누진세율이 적용되지만, 창업자금(자녀에 대한 창업 조기 지원책) 또는 가업승계 주식(생전에 계획적으로 가업을 사전 상속할 목적)에 대해서는 창업자금 최대 50억 원 (창업을 통하여 10명 이상 신규 고용한 경우에는 100억 원), 가업승계 주식 등 최대 600억 원까지 10억 원을 공제한 후 10% 특례세율(가업승계 주식 등의 경우 과세표준이 120억 원 초과분에 대해서는 20%)을 적용하여 증여세가 과세된다.

이 특례세율을 적용받는 증여재산은 증여세 신고기한까지 특례 적용 신청을 한 경우에만 적용이 가능하고, 증여시기에 관계없이 상속세 과세가액에 가산된다.

◆ 창업자금에 대한 증여세 과세특례

창업자금에 대한 증여세 과세특례(조세특례제한법 §30의5)는 출산율 저하, 고령화에 따라 젊은 세대로의 부의 조기 이전을 촉진함으로써 경제 활력 증진을 도모하기 위해 2006년 1월 1일 이후부터 도입된 제도이다.

※ 창업자금은 양도소득세 과세대상(부동산 등)이 아니어야 한다.

증여자(부모)	③사 망 상속세과세가액에 가산	상 속 세
①증여 ↓ (현금 등)		
수증자(자녀)	②증여 (2년 내 창업) 5억 원 공제, 10% 세율 적용	증 여 세

60세 이상의 부모(증여 당시 부모가 사망한 경우에는 그 사망한 부모의 부모를 포함)로부터 증여일 현재 18세 이상인 거주자가 증여받아야 하며, 수증자는 증여받은 날부터 2년 이내에 창업중소기업(「조세특례제한법」 제6조)을 창업하여야 한다.

2년 이내에 창업하지 않거나, 창업자금을 증여받은 날부터 4년이 되는 날까지 모두 해당 목적에 사용하지 아니한 경우 등에는 증여세가 부과된다.

◆ 가업승계 주식 등에 대한 증여세 과세특례

가업승계 주식 등에 대한 증여세 과세특례는 중소 · 중견기업 경영자의 고령화에 따라 생전에 자녀에게 가업을 계획적으로 사전상속하도록 함으로써 중소기업 등의 영속성을 유지하고 경제활력을 도모하기 위해 2008년 1월 1일 이후부터 도입된 제도이다.

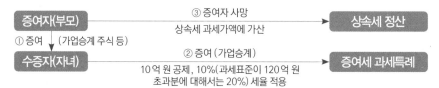

증여자는 증여일 현재 가업을 10년 이상 계속하여 경영한 60세 이상의 부모(증여 당시 부모가 사망한 경우에는 그 사망한 부모의 부모를 포함)이고, 10년 이상 계속하여 경영한 중소기업 등으로서 증여자와 특수관계인의 주식 등을 합하여 해당 법인의 발행주식 총수(출자총액)의 40%(상장법인 20%) 이상의 주식 등을 소유하여야 한다.

수증자(배우자)는 증여일 현재 18세 이상 거주자이고, 증여세 신고기한까지 가업에 종사하고 증여일로부터 3년 이내에 대표이사에 취임하여야 한다.

가업을 승계한 후 주식 등을 증여받은 날부터 5년 이내에 정당한 사유 없이 가업에 종사하지 않거나 주식 등을 증여받은 수증자의 지분이 감소한 경우 등에는 증여세가 부과된다.

> ▶ 관련 법규: 「조세특례제한법」 제30조의 5, 제30조의 6
> 「조세특례제한법 시행령」 제27조의 5, 제27조의 6

납세자가 자주 묻는 상담사례 Top 10 - 증여세

Q1 계약자 및 피보험자는 어머니, 수익자는 자녀인 손해보험에 가입하고 보험료는 어머니가 납부하고 있습니다. 보험사고가 발생하여 보험금을 자녀가 수령하게 되면 증여세가 과세되나요?

A1 보험금 수령인과 보험료 납부자가 다른 손해보험에 가입한 경우에는 「상속세 및 증여세법」 제34조제1항 규정에 따라 보험사고(만기 보험금 지급의 경우를 포함)가 발생한 때에 보험료 납부자가 보험금 상당액을 보험금 수령인에게 증여한 것으로 보는 것입니다. 따라서 위 사례와 같이 보험금 수령인은 자녀이고 보험료 납부자가 어머니인 경우 보험사고 발생일에 어머니가 자녀에게 증여한 것으로 보게 됩니다.

관련규정

● 생명보험 또는 손해보험에 있어서 보험금수취인과 보험료불입자가 다른 경우에는 「상속세 및 증여세법」 제34조제1항의 규정에 의하여 보험사고(만기 보험금 지급의 경우를 포함)가 발생한 때에 보험료 불입자가 보험금상당액을 보험금수취인에게 증여한 것으로 보는 것입니다. 이 경우 불입한 보험료 중 일부를 보험금수취인이 불입하였을 경우에는 보험금에서 불입한 보험료 총합계액 중 보험금수취인이 아닌 자가 불입한 보험료액의 점유비율에 상당하는 금액만을 증여재산가액으로 하는 것입니다(재산세과-887, 2009.05.06.).

● 보험금의 과세유형(상속세 및 증여세 집행기준 34-0-3 참조)

피보험자	계약자	불입자	수익자	세법상 처리
C(사망)	A	A	A	- 상속재산에 해당하지 않음 - 증여세 과세대상에 해당하지 않음
C(사망)	A	A	B	- 상속재산에 해당하지 않음 - A가 B에게 보험금을 증여함
C(사망)	불문	C	불문	- 수익자가 상속인: 상속재산으로 보아 상속세 과세 - 수익자가 상속인 외의 자: 유증에 해당하여 상속세 과세

납세자가 자주 묻는 상담사례 Top 10 - 증여세

Q2 아버지께서 자금이 급히 필요하여 아파트를 저에게 매각하려고 하는데 시가보다 싸게 거래해도 증여세 문제가 없는 것인가요? (시가 15억 원, 매매가액 13억 원)

A2 특수관계인 간에 재산을 시가보다 낮은 가액으로 양수한 경우로서 그 대가와 시가의 차액이 시가의 30%와 3억 원 중 적은 금액 이상인 경우에는 해당 재산의 양수일 또는 양도일을 증여일로 하여 그 대가와 시가의 차액에서 시가의 30%와 3억 원 중 적은 금액을 뺀 금액을 그 이익을 얻은 자의 증여재산가액으로 합니다. 따라서 위 사례의 경우 자녀는 시가보다 2억 원 싸게 매입하였고, 이는 시가의 30%(4.5억 원)와 3억 원 중 적은 금액인 3억 원 이하이므로 증여세가 부과되지 않습니다.

※ 아버지의 경우 「소득세법」 제101조에 따라 양도가액을 15억 원으로 보아 양도소득세를 계산합니다.

관련지식

● 저가 양수 또는 고가 양도에 따른 이익의 증여(「상속세 및 증여세법」 제35조제1항 참조)

특수관계인 간에 재산을 시가보다 낮은 가액으로 양수하거나 시가보다 높은 가액으로 양도한 경우로서 그 대가와 시가의 차액이 기준금액(시가의 30%와 3억 원 중 적은 금액) 이상인 경우에는 해당 재산의 양수일 또는 양도일을 증여일로 하여 그 대가와 시가의 차액에서 기준금액을 뺀 금액을 그 이익을 얻은 자의 증여재산가액으로 합니다.

● 양도소득의 부당행위계산(「소득세법」 제101조 제1항 참조)

양도소득이 있는 거주자의 행위 또는 계산이 그 거주자의 특수관계인과의 거래로 인하여 그 소득에 대한 조세 부담을 부당하게 감소시킨 것으로 인정(시가와 거래가액의 차액이 3억 원 이상이거나 시가의 5%에 상당하는 금액 이상인 경우)되는 경우에는 그 거주자의 행위 또는 계산과 관계없이 해당 과세기간의 소득금액을 계산할 수 있다.

● 관련 법규: 「상속세 및 증여세법」 제35조, 「상속세 및 증여세법 시행령」 제26조

Q3

자녀에게 전세계약이 체결된 상가를 증여하면서, 해당 전세금은 자녀가 갚도록 할 계획입니다. 해당 전세금이 증여세 계산 시 차감되나요?

A3

증여한 부동산에 임대차계약이 체결되어 증여자가 변제해야 할 임대보증금이 있는 경우 이를 수증자가 인수하여 변제하면 증여 재산가액에서 차감되어 증여세가 과세되지 않습니다. 다만, 수증자가 인수한 임대보증금에 대해 증여자는 양도소득세 과세 대상이 될 수 있습니다.

이 경우 직계존비속 간 증여라면 수증자가 증여자의 임대보증금 채무를 인수한 경우에도 그 채무액은 수증자에게 인수되지 아니한 것으로 추정하게 됩니다. 따라서 해당 채무액이 차감 되려면 임대차계약서, 보증금 변제내역, 자금 원천 등 관련 증빙을 통해 해당 보증금을 명확하게 수증자가 인수하여 부담한 사실이 확인되어야 합니다.

관련자료

● 「상속세 및 증여세법」 제47조제1항 및 제3항 단서의 규정에 따라 직계존비속간의 부담부증여로 인하여 증여일 현재 당해 증여재산에 담보된 증여자의 채무로서 수증자가 인수한 사실이 같은 법 시행령 제10조제1항 각호의 1의 규정에 의하여 입증된 때에는 그 채무액을 차감한 금액을 증여세 과세가액으로 하는 것이며, 그 채무상당액에 대하여는 「소득세법」 제88조제1항의 규정에 의하여 양도소득세가 과세되는 것임. 귀 질의의 경우 모친과 수증자인 아들 사이의 임대차계약에 따른 모친의 임대보증금 채무를 사실상 수증자가 인수한 것이 확인되는 때에는 그 채무액을 증여재산가액에서 차감하는 것이나, 이에 해당하는지 여부는 구체적인 사실을 확인하여 판단할 사항임 (재산세과-915, 2010.12.10.)

● 수증자가 채무부담(부담부증여)시 과세 구분

> ② = 증여재산가액 − ①
> ① 수증자가 인수한 채무부담분 → 유상양도로 보아 증여자는 양도소득세 납세의무가 있음
> ② 무상이전부분("①" 외의 부분) → 수증자는 증여세 납세의무가 있음

납세자가 자주 묻는 상담사례 Top 10 – 증여세

Q4 결혼하는 자녀를 위해 부모가 혼수용품을 구입해 주거나 부모가 혼주로서 받은 결혼축의금을 자녀에게 지급하게 되는 경우 증여세 과세대상인가요?

A4 혼인하는 자녀를 위해 부모가 구입한 혼수용품이 일상생활에 필요한 가사용품인 경우에는 증여세가 과세되지 않지만, 혼수용품이 호화·사치용품, 주택, 차량 등인 경우에는 증여세가 과세됩니다.

결혼축의금 중 신랑, 신부와의 친분 관계에 기초하여 신랑, 신부에게 직접 건네진 것이라고 볼 수 있는 부분을 제외한 나머지는 전액 혼주인 부모에게 귀속된다고 보아야 하므로, 혼주인 부모에게 귀속되는 결혼축의금을 결혼당사자인 자녀에게 주는 경우 증여세가 과세됩니다.

관련근거

- 「상속세 및 증여세법 시행령」 제35조제4호에 규정하는 통상 필요하다고 인정하는 혼수용품은 일상생활에 필요한 가사용품에 한하고 호화·사치용품이나 주택·차량 등을 포함하지 아니하며, 결혼축의금이 누구에게 귀속되는지 등에 대하여는 사회통념 등을 고려하여 구체적인 사실에 따라 판단하는 것입니다. (서면인터넷 방문상담4팀-1642, 2005.09.12.)

- 결혼축의금이란 우리 사회의 전통적인 미풍양속으로 확립되어 온 사회적 관행으로서, 혼사가 있을 때 일시에 많은 비용이 소요되는 혼주인 부모의 경제적 부담을 덜어주려는 목적에서 대부분 그들과 친분 관계에 있는 하객들이 혼주인 부모에게 성의의 표시로 조건 없이 무상으로 건네는 금품을 가리킨다고 할 것이어서, 그 중 신랑, 신부인 결혼 당사자와의 친분 관계에 기초하여 결혼 당사자에게 직접 건네진 것이라고 볼 부분을 제외한 나머지는 전액 혼주인 부모에게 귀속된다고 봄이 상당하고 (서울고등법원-2008-누-22831, 2010.02.10.)

- **관련 법규:** 「상속세 및 증여세법」 제46조, 「상속세 및 증여세법 시행령」 제35조

Q5

2024년부터 혼인일로부터 2년이 지나지 않은 자녀에게 1억 원을 더 증여할 수 있도록 혼인공제가 신설된다고 하던데, 2023년 1월 혼인한 자녀에게 2023년 12월 현금 1억 원을 증여하고 2024년 3월에 증여세를 신고하면 공제가 가능한가요?

A5

2024년 1월 1일부터 거주자가 직계존속으로부터 혼인일 전후 2년 이내에 증여를 받는 경우에는 1억 원을 증여세 과세가액에서 공제할 수 있도록 혼인·출산 증여재산공제가 신설되었습니다. 다만, 해당 규정은 2024년 1월 1일 이후 증여하는 분부터 적용되는 것으로 2023년에 증여한 재산에 대해 2024년 1월 1일 이후 신고하더라도 공제가 적용되지 않습니다.

길라잡이

● 혼인·출산 증여재산공제(「상속세 및 증여세법」 제53조의2제1항 참조)

거주자가 직계존속으로부터 혼인일(「가족관계의 등록 등에 관한 법률」 제15조제1항제3호에 따른 혼인관계증명서상 신고일을 말한다) 전후 2년 이내에 증여를 받는 경우에는 제2항 및 제53조제2호에 따른 공제와 별개로 1억 원을 증여세 과세가액에서 공제한다. 이 경우 그 증여세 과세가액에서 공제받을 금액과 수증자가 이미 전단에 따라 공제받은 금액을 합한 금액이 1억 원을 초과하는 경우에는 그 초과하는 부분은 공제하지 아니한다.

● 「상속세 및 증여세법」 부칙 제19932호(2023.12.31.) 참조

제1조 이 법은 2024년 1월 1일부터 시행한다.
제3조 제53조의2의 개정규정은 이 법 시행 이후 증여를 받는 경우부터 적용한다.

● 관련 법규: 「상속세 및 증여세법」 제53조의2

납세자가 자주 묻는 상담사례 Top 10 - 증여세

Q6 증여받은 재산을 증여세 신고기한까지 증여자에게 반환하면 증여세를 납부하지 않아도 되나요?

A6 일반적으로 증여받은 재산을 당사자 간의 합의에 따라 증여세 과세표준 신고기한 내에 반환하는 경우에는 처음부터 증여가 없었던 것으로 보아 증여세를 부과하지 않습니다. 다만, 금전을 반환하거나 증여받은 재산을 반환하기 전에 증여세가 결정된 경우에는 그렇지 않습니다. 또한, 과세표준 신고기한 경과 후 3개월이 지나 반환하는 경우에는 반환한 재산에 대해서도 증여세를 부과합니다.

길라잡이

● 수증자가 수표를 증여 받은 후 당사자 간의 합의에 따라 「상속세 및 증여세법」 제68조에 따른 증여세 과세표준 신고기한 이내에 증여자에게 반환하는 경우에는 같은 법 제4조제4항에 따라 처음부터 증여가 없었던 것으로 볼 수 없는 것입니다. (서면-2018-법령해석재산-1632, 2019.08.20.)

● 수증자가 증여재산을 당사자간 합의에 따라 반환하는 경우 아래와 같이 구분하여 증여세를 과세합니다(상속세 및 증여세 집행기준 4-0-4).

반환 또는 재증여시기		당초 증여분	반환 또는 재증여분
금전	시기와 무관	과세	과세
금전 외	증여세 신고기한 내	과세 제외	과세 제외
	신고기한 경과 후 3개월 이내	과세	과세 제외
	신고기한 경과 후 3개월 후	과세	과세
	반환 전 증여세가 결정된 경우	과세	과세

● 관련 법규: 「상속세 및 증여세법」 제4조제4항

Q7 2023년 재산을 증여받는 경우 적용되는 증여재산공제에 대해 알고 싶습니다.

A7 ① 수증자가 거주자인 경우

증여세 과세가액에서 다음 각 호별 금액을 공제(이하 '증여재산공제'라 함) 받을 수 있습니다. 증여재산공제액은 그 증여를 받기 전 10년 이내에 공제받은 금액과 해당 증여가액에서 공제받은 금액을 합쳐 계산합니다. 따라서 일반적인 경우 해당 증여재산공제 이하의 금액을 증여받게 되면 증여세를 납부하지 않게 됩니다.

1. 배우자로부터 증여받은 경우: 6억 원
2. 직계존속(수증자의 직계존속과 혼인 중인 배우자 포함)으로부터 증여받은 경우: 5천만 원(미성년자 2천만 원)
3. 직계비속(수증자와 혼인중인 배우자의 직계비속 포함)으로부터 증여받은 경우 5천만 원
4. 제2호 및 제3호를 제외한 6촌 이내의 혈족, 4촌 이내의 인척으로부터 증여받은 경우 1천만 원

② 수증자가 비거주자인 경우

증여재산공제를 적용하지 않습니다.

길라잡이

● 계모와 전처 소생 자녀 간 증여재산공제 적용 방법
  – 친부와 혼인 중인 경우: 직계존비속 관계
  – 친부 사망 후 계모가 재혼하지 않은 경우: 4촌 이내의 인척 관계

● 증여재산공제 시 배우자는 민법상 혼인으로 인정되는 자(법률혼)를 말하며, 사실혼 관계에 있는 자는 인정하지 않습니다.

● 며느리나 사위는 4촌 이내의 인척에 해당합니다.

● **관련 법규:** 「상속세 및 증여세법」 제53조

납세자가 자주 묻는 상담사례 Top 10 – 증여세

Q8 부친으로부터 5년 전 2억 원을 증여받고 5천만 원 증여재산 공제 후 증여세를 납부하였으며, 2년 전 부친이 사망하였습니다. 모친으로부터 오늘 1억 원을 증여받게 되면 부친으로부터 받은 2억 원을 합하여 증여세를 계산하게 됩니까?

A8 동일인으로부터 합산배제대상이 아닌 재산을 2회 이상 증여받게 되고 해당 증여일 전 10년 이내에 증여받은 재산가액이 1천만 원 이상인 경우 합산하여 증여세를 과세하며, 증여자가 혼인 중인 부모인 경우 동일인으로 보아 10년 이내에 증여받은 가액을 합산하여 과세합니다. 다만, 부모 중 1인이 먼저 사망하고 생존한 부모로부터 증여받을 때에는 합산하지 않습니다. 따라서 위 사례와 같은 경우 부친이 먼저 사망하였으므로 합산하지 않고 모친으로부터 받은 1억 원에 대해서만 증여세를 과세합니다. 증여재산공제는 5년 전 공제 적용했으므로 추가로 공제받을 수 없습니다.

길라잡이

- 당해 증여일 전 10년 이내에 부와 모로부터 받은 증여재산가액의 합계액이 1천만 원 이상인 경우에는 그 가액을 증여세 과세가액에 가산하는 것이나, 당해 증여일 전에 부 또는 모가 사망한 경우에는 그 사망한 사람으로부터 생전에 증여받은 재산은 합산과세하지 않습니다(재삼46014-1228, 1999. 6. 25.).

- 「상속세 및 증여세법」 제31조제1항제3호, 제40조제1항제2호·제3호, 제41조의3, 제41조의5, 제42조의3, 제45조 및 제45조의2부터 제45조의4까지의 규정에 따른 증여재산(합산배제증여재산)은 동일인으로부터 다른 재산을 증여 받더라도 합산하지 않습니다.

- 「조세특례제한법」 제30조의5, 제30조의6, 제71조 규정에 따라 과세특례 및 감면을 받은 경우 해당 재산은 동일인으로부터 과세특례 및 감면을 적용받지 않는 다른 재산을 증여받더라도 합산하지 않습니다.

- 관련 법규: 「상속세 및 증여세법」 제47조

Q9 부친께서 개인사업자로 기계 부품 제조업체를 20년 이상 운영하였습니다. 만약 제가 해당 제조업체의 건물, 토지, 기계장치 등을 증여받고 계속 제조업을 영위하게 되면 가업승계에 따른 증여세 특례를 받을 수 있는 것인가요?

A9 18세 이상인 거주자가 60세 이상의 부모로부터 가업의 승계를 목적으로 해당 가업의 주식 또는 출자지분을 증여받고 가업을 승계한 경우로서 법이 정한 요건을 충족하게 되면 가업승계에 따른 증여세 과세특례를 적용받을 수 있으나, 개인사업자인 경우에는 주식 또는 출자지분을 증여할 수 없어 해당 특례를 적용받을 수 없습니다.

다만, 부친이 개인사업자로서 영위하던 가업이 동일한 업종의 법인으로 전환된 경우로서 법인설립일 이후 계속하여 당해 법인의 최대주주에 해당하는 경우에는 개인사업자로서 가업 영위기간을 포함하여 판단하므로 법인전환 후 주식 또는 출자지분을 증여받게 되고 법이 정한 요건을 충족하게 되면 해당 특례를 적용받을 수 있습니다.

길라잡이

● 「상속세 및 증여세법」 제18조제2항제1호를 적용할 때 피상속인이 개인사업자로서 영위하던 가업을 동일업종의 법인으로 전환하고 법인 설립 이후 계속하여 피상속인이 그 법인의 최대주주 등에 해당하는 경우에는 피상속인이 개인사업자로서 가업을 영위한 기간을 포함하여 가업 경영기간을 계산하는 것입니다.

이 경우 개인사업자로서 제조업에 사용하던 건물 등 일부 사업용 자산을 제외하고 법인전환을 하였다 하더라도, 법인 전환 후에 동일한 업종을 영위하는 등 가업의 영속성이 유지되는 경우에는 피상속인이 개인사업자로서 가업을 영위한 기간을 포함하여 가업 경영기간을 계산하는 것이며, 귀 질의가 이에 해당하는지는 사실 판단할 사항입니다. (기획재정부 재산세제과-725, 2019.10.28.)

● **관련 법규**: 「조세특례제한법」 제30조의6

납세자가 자주 묻는 상담사례 Top 10 – 증여세

Q10 제가 80% 출자한 법인 甲은 중소기업이며, 자녀가 대표로 있는 법인 乙(중소기업, 자녀 80% 출자)의 매출 전액은 甲과 거래하여 발생한 것입니다. 특수관계법인간에 거래시 일감몰아주기에 대한 증여세가 과세된다고 하던데 중소기업간의 거래에서도 적용되는 것인가요?

A10 자녀나 친족 등이 지배주주인 법인(수혜법인)에게 부모 등이 지배하는 법인(특수관계법인)이 일감을 몰아주어 수혜법인의 지배주주 등이 이익을 얻게 되는 경우에는 「상속세 및 증여세법」 제45조의3[특수관계법인과의 거래를 통한 이익의 증여 의제] 규정에 따라 해당 지배주주 등에게 증여세를 과세하게 됩니다.

이를 위해서는 아래 요건을 모두 만족해야 합니다.

> 가. 수혜법인의 세후영업이익이 있을 것
> 나. 특수관계법인거래비율이 정상거래비율(중소 50%, 중견 40%, 그 외 30%)을 초과할 것
> 다. 지배주주와 그 친족의 주식보유비율이 한계보유비율(중소·중견 10% 그 외 3%)을 초과할 것

특수관계법인거래비율이란 수혜법인의 매출액 중에서 특수관계법인에 대한 매출액이 차지하는 비율을 의미하며, 과세제외매출액을 차감하고 계산합니다.

$$\text{특수관계법인 거래비율} = \frac{\text{특수관계법인에 대한 매출액} - \text{과세제외매출액}}{\text{수혜법인의 사업연도 매출액} - \text{과세제외매출액}} \times 100$$

과세제외매출액에는 '중소기업인 수혜법인이 중소기업인 특수관계법인과 거래한 매출액'이 포함되어 있습니다. 따라서, 중소기업간의 거래에 대해 위 산식대로 계산하게 되면 '나' 요건이 충족되지 않게 되어 해당 거래에 대해 증여세가 과세되지 않습니다.

길라잡이

● 「상속세 및 증여세법」 제45조의3 규정은 법인간의 거래에 대해 과세하는 것이므로 개인사업자와의 거래에 대해서는 적용되지 않습니다.

● 관련 법규: 「상속세 및 증여세법」 제45조의3

2024
세금절약 가이드 II

인 쇄 일 | 2024년 5월   발 행 일 | 2024년 5월

발 행 처 | 국세청 세정홍보과

편집위원 | 세정홍보과장 오규용   행정사무관 유경룡
국 세 조 사 관 윤혜민

집필위원 | (1장) 국세조사관 강경영, 이동욱, 김지호, 강형규, 전태훈, 원두진,
김민주, 안재진, 박보경, 이현영, 성준범, 김태수

(2장) 국세조사관 곽지은, 전승현

상담사례_양도소득세 부분
국세조사관 곽지은, 황성원

(3장) 국세조사관 이태호, 홍소영, 장수환, 진수정

상담사례_상속세, 증여세 부분
국세조사관 이태호, 홍소영, 장수환, 천명일

(4장) 국세조사관 이태호, 홍소영, 장수환

디자인·인쇄 | (주)일진커뮤니케이션 (02)2277-4424

구   입 | 가나북스 (031)959-8833 / 팩스 (031)959-8834
ISBN 979-11-6446-110-3 03320

국세상담이 필요할 땐 국번 없이 **126** 국세상담센터로

※ 이 책자는 2024년 2월자 시행령 개정사항까지 반영하였으며, 책자에 대한
오류 · 수정 요청은 국세청 세정홍보과(044-204-3290)로 연락바랍니다.

이 책자는 국세청 누리집(www.nts.go.kr → '국세정책/제도' → '통합자료실' → '국세청
발간 책자' → '세금안내 책자')에서 전자책자및 파일을 다운로드(무료) 받으실 수
있습니다.

국세청의 승인 없이 무단복제를 금합니다.   정가: 7,000원